中国基层图书馆创新丛书

读书声里是我家

——萧山区公共图书馆服务连锁体系建设实例

庞晓敏　徐　草　编

图书在版编目（CIP）数据

读书声里是我家：萧山区公共图书馆服务连锁体系建设实例 / 庞晓敏，徐草编.
--天津：天津大学出版社，2015.8
（中国基层图书馆创新丛书）
ISBN 978-7-5618-5327-6

Ⅰ. ①读… Ⅱ. ①庞… ②徐… Ⅲ. ①区（城市）－公共图书馆－图书馆服务－研究－杭州市 Ⅳ. ①G259.252

中国版本图书馆CIP数据核字（2015）第141000号

出版发行 天津大学出版社
地　　址 天津市卫津路92号天津大学内（邮编：300072）
电　　话 发行部：022-27403647
网　　址 publish.tju.edu.cn
印　　刷 北京京华虎彩印刷有限公司
经　　销 全国各地新华书店
开　　本 169mm×239mm
印　　张 10.5
字　　数 146千
版　　次 2015年6月第1版
印　　次 2015年6月第1次
定　　价 28.00元

播撒种子，收获希望

（代序）

◎ 杭州市萧山图书馆　朱军华

“最是书香能致远！”阅读，于个人，于社会，都是有百利而无一害的事情。城市如果缺乏浓厚的阅读气氛，就会变成文化沙漠；民族如果没有良好的读书风气，就会缺乏创新后劲。一个地方最美的风景应该是在书店里，在图书馆里。只有把阅读作为一种精神追求常态，才能形成全民阅读的氛围，促进人的素质的普遍提高，从而进一步转化为推进社会进步、经济增长的动力。

农家书屋就是这样一粒播撒在农村的希望种子，它是公共图书馆服务在农村的延伸和拓展，在普及科学文化知识、丰富农民群众的文化生活、满足农民群众的阅读需求等方面，发挥着重大的作用。萧山区农家书屋工程建设起步于2008年，到2012年底实现全面覆盖，是萧山打造全民阅读社会的一项重要举措。因工作关系，我见证了这一工程从最初的试点到后来的全面推进的全过程，也体验过这其中的种种艰辛。每建一个农家书屋，图书馆人都要走村入巷，经历前期沟通、选址设计、设备配置、图书配送等多个环节。正是481个烦琐的、重复且不断改进的建设历程，让我们真切感受着基层群众对书屋从初始的怀疑、逐步的知晓到深深的信赖这样一个过程。

萧山区的农家书屋工程建设由始至终贯彻着高起点、高规划的工作思路，它以全区公共图书馆服务连锁体系建设为依托，采用“统一资源，统一平台”的模式，实现了图书资源在全区范围内的“通借通还，资源共享”。这样的建设思路可以称得上是全省第一、全国领先。但任何一种新生事物要被接受，总得经历一个过程。记得建设初期，很多农家书屋面临着门前冷落车马稀的窘境。书屋是建起来了，怎么样把它运作好、利用好，是图书馆人面临的一个新问题。大家群策群力，想方设法通过加强业务培训、举办读书讲座、开展少儿活动等举措，不断加强农家书屋对基层群众的吸引力。慢慢地，孩子们开始在农家书屋体会阅读的

喜悦，妈妈们在农家书屋学习家庭和谐之道，老人们在农家书屋翻阅养生长寿秘诀，农民们在农家书屋体会科学致富窍门……2014年11月5日举行的萧山区农民讲书比赛中，来自全区农家书屋的管理员、基层读者围绕“我在农家书屋读书”的主题，讲述自己与农家书屋的书香情缘，讲述阅读带来的心得体会与人生感悟。坐在比赛现场，我在为选手们的热情所感动的同时，也不由得欣喜万分，图书馆人付出的努力终于有了成效！

“春风潜入夜，润物细无声。”全区481个农家书屋承担着深化农村阅读氛围的职能。今天我们在萧山播撒全民阅读的种子，来日必将收获国民素质普遍提高的果实！

目　录

目录

我思我在

萧山区公共图书馆服务连锁体系

◎ 杭州市萧山图书馆　孙勤

第一节

萧山区公共图书馆服务连锁体系概述

一、萧山区公共图书馆服务连锁体系的简介

萧山区公共图书馆服务连锁体系是以萧山图书馆为总馆，镇（街道）、村（社区）、学校、企业、部队等其他系统图书室为分馆，图书馆流通车、自助借还机为补充的地区图书馆服务网群，目的是实现图书资源在全区范围内“通借通还，资源共享”，“一证在手，借遍萧山”。依托统一的图书馆软件平台，萧山图书馆将多种资源进行整合：整合文献资源，为全区读者提供服务；整合设备资源，节约设备购置成本和维护经费；整合业务平台，统筹各分馆的业务培训工作；等等。这种多资源整合的策略，大大提高了图书馆网群的业务整合能力和为读者服务能力，实现了区域图书馆的整体化组织和一体化发展。

二、萧山区公共图书馆服务连锁体系的主要特点

萧山区公共图书馆服务连锁体系是以总分馆为实现形式的区域性公共图书馆网群模式，主要特点是“三统两分”。

（1）统一标识：规范统一的标识系统是萧山区公共图书馆服务连锁体系的整体形象，所有分馆须统一使用“萧山图书馆××分馆”的名称，馆内各项标识系统要规范统一，特色分馆原则上要求保持基本格调一致。

（2）统一平台：全区所有分馆采用总馆认可的同一业务管理系统，确保各项业务工作的顺利开展，实现技术统管地区图书馆网群的联动和创新。

（3）统一资源：文献资源由总馆统一采购，集中编目，统一调配，定期轮换。在实现资源共享的前提下，凸现特色。可根据当地产业优势、地域特点和人文环境等因素确定分馆特色，如花木、钢结构基地、贺知章文化等，在满足常规

服务外，突出各自的个性化服务。

（4）分级管理：分馆开放运行的日常行政事务由属地政府管理，业务必须集中由总馆管理，以保证业务工作的统一和顺畅，确保图书馆专业服务的质量。

（5）分散服务：在全区范围内所有分馆之间“通借通还，资源共享”，实现“一证在手，借遍萧山”。

第二节

萧山区公共图书馆服务连锁体系的建设过程

一、中心馆的特点

（1）中心馆居于主导地位，领导本地区各连锁分馆的发展和改革，对各连锁分馆的业务工作和微观改革活动起着宏观调控作用，如实行分馆馆长负责制、全员聘任制、业务工作岗位责任制、分馆考评制等。

（2）中心馆负责所有连锁图书馆的书刊采购、分编、加工等业务工作，书刊在中心馆整理加工完成后，分批送往各连锁分馆，为读者服务。

（3）中心馆首先要保证本馆独一无二的馆藏特色，对地方文献进行全面系统的收藏。同时，根据本地区经济建设、科研生产、文化教育的特点，以收藏自然科学（科技类）和社会科学（文史哲）的专业书刊为主，把“有用高于一切”作为中心馆藏书建设的指导思想。

（4）中心馆要把握“以为科研人员服务为主，以为生产建设、经济建设服务为先”的原则，以满足研究型、学术型读者的需要。在提供书刊借阅服务的同时，做好各种情报服务工作，如提供书目情报服务、情报检索服务、情报报道服务、情报咨询服务等。对本区的工业生产、科研任务、文化教育、农村专业生产等进行全面调查研究，确定重点课题、重点项目，指定专人负责，进行跟踪服务。

二、连锁分馆的特点

（1）连锁分馆是公共图书馆系统中最基层的服务网络，如同伸向社会的巨大

的触须群，时刻感受着社会对图书馆的需求并及时满足。

（2）连锁分馆提供单一的读者服务。其藏书建设的宗旨是“跟着读者的感觉走”。主要收藏文艺类书刊和音像资料，以满足学习型和娱乐型读者的需求。具体地说，就是通过开展“读者建议”活动，将读者的需求信息及时反馈给中心馆采编部，作为新书刊采购的依据。此外，及时剔旧，以节约分馆的藏书空间，增加图书馆对读者的新鲜感和吸引力。

（3）连锁分馆根据自己的藏书特色，服务项目主要包括图书借阅服务、报刊阅览服务和经营服务。其中经营服务属于有偿服务，包括书刊出售，音像资料出租，资料复印和非图书馆服务的茶室、咖啡室、小卖部等。同时，针对分馆所在地的社会环境特点，开展多种形式的活动，以形成各个分馆的特色服务，提高图书馆的知名度，如为家庭主妇举办各种培训班，为残疾人、退役军人举办专题讲座，为中小学生提供家教服务，为服刑人员送书刊，为企业提供开发新产品的信息等。

（4）连锁图书馆间实行借书证通用制度，实现连锁图书馆的资源共享。

三、全新的建设模式

1. 高标准要求

为规范萧山区公共图书馆服务连锁体系建设，对于村（社区）级分馆，萧山图书馆提出了基本建设要求，只有满足相应建设标准，萧山图书馆才会准许其以分馆的名义建设运作，并提供图书、报刊和相应技术服务。这些建设标准包括：有用于文化服务的固定场所，具备图书外借、报刊阅览、电子阅览、文化信息资源共享工程服务等功能；藏书不少于1 500册，1 200种，报刊不少于10种，音像制品不少于100种；阅览座位不少于10个；计算机1台，计算机网络带宽不低于2兆；有专人负责日常事务；开展公益性服务，每天开放不少于3小时，双休日适当延长，每周开放时间不少于30小时。

2. 分级式投入

所有分馆建设资金均采取分级投入的办法，由区委宣传部、萧山图书馆、各镇村分别承担，其中区委宣传部和萧山图书馆承担图书资源建设、软件设施的建

设和维护，包括图书资源的购置和流转、数据库的购置和制作、自动化软件的购置和升级、工作人员的业务培训等，由萧山图书馆负责落实工作。硬件设施的建设和维持以及日常管理经费由属地政府承担，包括馆舍、家具、计算机、空调等设备的购置以及水电、人工等日常维护的经费。

3. 定制式资源

萧山区公共图书馆服务连锁体系分馆藏书的选择主要有两大依据：一是由浙江省新闻出版局、省农家书屋工程建设协调小组办公室制定的《省农家书屋重点出版物推荐目录》，其中共收录了3 000多种图书；二是由图书馆界专家推荐的书目。2012年，萧山图书馆先后组织了两次分馆书目专家论证会，邀请了全国知名的图书馆学教授和浙江省图书馆界专家，遴选书目，共确定图书20 000余种。目前，萧山区公共图书馆服务连锁体系选定的图书，内容主要集中在农业类、经济类、法律类、生活类、科普类、文学传记类、少儿读物类等方面，确保提供的书籍能充分满足人民群众的需求。

4. 规范化管理

在分馆日常管理方面，萧山图书馆制定了《萧山图书馆分馆服务手册》《萧山区公共图书馆服务连锁体系建设手册》等管理规范，使分馆建成后能够快速实现规范管理。同时，萧山图书馆每年还组织年度考核，并对工作突出的分馆进行表彰奖励。

第三节 萧山区公共图书馆服务连锁体系的运行模式

萧山区公共图书馆服务连锁体系的运行形成了具有地方特色的“萧山模式”，不论是在时间、空间上，还是在形式上，都进行了不同程度的延伸。特别是在基层公共文化服务体系的建设上实现了无缝连接，形成遍地开花的景象，为萧山区人民提供了全面周到的公共文化服务。

一、阵地基础——人人享受图书馆

萧山区公共图书馆服务连锁体系紧抓机遇，以零门槛、全开放的姿态，将所有馆藏资源实行免证阅览、免费借阅，为读者提供个性化、高质量的服务，不断创新服务方式，提高服务水平，在阵地服务中最大限度地满足读者需求。萧山区公共图书馆服务连锁体系的建设使图书馆在物理空间上实现了全覆盖、全免费的服务方式，也大大降低了广大群众走进图书馆的门槛，使萧山区进入了“人人享有图书馆”的时代。

1. 资源建设“以用为先”

萧山区公共图书馆服务连锁体系向全部社会成员开放，并以读者的需求和愿望为导向进行馆藏资源建设，最大限度地降低书刊拒借率。为有特殊需求的读者开辟“绿色通道”，实行“点菜式”服务。利用图书馆数字化资源网络，在全国的图书馆书库和出版社仓库寻找目标，千方百计满足读者需要，以此增加公众对图书馆的信任度，培养公众的图书馆意识。“图书馆里什么书都有，图书馆的书刊都是免费借阅的。”这一观点的形成对青少年来说尤其重要，往往就是在图书馆通过“绿色通道”找到了在市场上买不到的书刊时，他们才会自然而然地产生一种“图书馆是知识的宝库”的意识，自觉自愿地养成“在图书馆里成长”的好习惯。

2. 开架阅览“全无保留”

萧山区公共图书馆服务连锁体系中心馆和所有分馆均不设闭架书库，所有书籍实行全开架式管理，形成了“求知”与“休闲、交流、体验”相结合的文化氛围。全开架、大开间、借阅一体的布局，是萧山区公共图书馆服务连锁体系所有图书馆的最大特点，营造出“人在书中走，书在人旁立”的意境，不仅为读者查找、阅读图书提供了极大的便利，而且给人一种在知识的海洋中畅游的感觉。无论是布局严谨的书架还是休闲的桌椅都在传达着尊重读者、重视读者的信息，让读者在图书馆的服务中得到阅读的快乐、求知的愉悦和休闲的享受。

3. 免费服务“走在前列”

萧山图书馆是国内较早开展免费服务的县（区）级公共图书馆之一，也是目前国内推行免费服务最彻底的县（区）级公共图书馆。萧山图书馆最早开展免费服

务源于职业危机感，因为看到在新华书店看书的孩子比来图书馆的多。为了吸引孩子们走进图书馆，2004年6月1日萧山图书馆推出“小手拉大手 走进图书馆”活动，宣布少年儿童借书证取消年费，拉开了免费服务的序幕。2006年6月1日，包括萧山图书馆在内的杭州地区10家公共图书馆联合发布《杭州地区公共图书馆服务公约》，宣布对读者实行基本服务免费，即免除借书证办理的工本费和年费。在随后的暑假里，新办借书证3 000多本，图书馆接待量长期处于超饱和状态，不得不宣布暂停办理借书证，直到新馆开放。2007年2月1日，萧山图书馆新馆开放，推出“免证阅览，免费借阅”的“零门槛”服务，所有读者只需凭身份证、户口本等有效证件就可办理借书证。同时宣布免除图书、期刊借阅逾期费。当年办理新证接近3万本，占到借书证总量的1/3，开馆一周年之际，据统计，到馆读者高达822 885人次（由于实行免证阅览，实际接待量远超该数字），当时萧山区的常住人口是120万，相当于几乎所有萧山人来图书馆走了一趟，创下了“开馆一周年 读者超百万”的好成绩。当时图书馆的藏书量为50余万册，而全年的书刊流通量为1 025 358册次，相当于所有图书到读者家里串了两次门。2008年5月30日，为响应“限塑令”号召，萧山图书馆推出环保袋免费赠送服务，每证一袋，既可装书又可装食品，损坏后可凭旧袋领取新袋，此举受到全社会的一致好评。读者认为这是政府给普通百姓提供的人性化服务，相关政府部门更是认为图书馆“花小钱办实事”，真心在为读者着想，为读者服务，因此划拨了专项经费予以支持。2009年5月29日，萧山图书馆开始推行免押金办理借书证服务，同时开展押金清退工作。2011年3月1日，萧山图书馆宣布电子阅览室免费开放。至此，萧山图书馆及所属分馆仅剩图书丢失损坏赔偿一项需要读者承担相应费用。

二、时间延伸——随时走进图书馆

面对日益增长的文化需求，为了更好地提供均等、便利的公共文化服务，萧山区公共图书馆服务连锁体系在新的技术环境下，提出了“永不关闭的图书馆”概念，并达到了“365天天天开放，7×24小时时时访问”的服务状态。

1. 萧山数字图书馆

随着计算机技术的不断发展，电子读物的普及度越来越高，数字图书馆以其

丰富的文献资源和全天候的无间断服务受到越来越多读者的青睐。萧山图书馆历来重视数字图书馆的建设，经过多年积累，目前，萧山数字图书馆网共有10多万册电子图书可供读者阅读，持证读者在萧山区内任何IP地址都可自由借阅电子图书或使用中国知网全文数字期刊、万方数据、龙源期刊、中华医学会期刊、维普考试资源系统和爱迪克森网上报告厅等数字资源。在萧山图书馆内，通过杭州地区九馆一证通的VPN网络，还可以访问到 “名师讲坛”视频数据库、天方有声图书馆、书生之家、人民网数据库、龙语瀚堂典籍数据库、中国年鉴资源全文数据库以及中宏数据库等。另外，通过浙江图书馆建立的浙江数字文化网，读者可观看浙江图书馆文澜讲坛的各类视频资源，还可查询、浏览和下载各类专业数据库的数字资源，包括维普中文科技期刊、独秀知识库、中国科技信息研究所的科技视频、北大法律信息网、国务院发展研究中心信息网以及北大法意等。

2. 全国文化信息资源共享工程萧山支中心

2002年4月，文化部、财政部正式启动“全国文化信息资源共享工程”（以下简称共享工程）。当月18日，国务院前副总理李岚清同志视察了萧山区红山农场文化中心——全国首个共享工程基层服务点，并对共享工程萧山支中心建设给予了高度评价。可以说，共享工程建设的宏伟蓝图就是在萧山这块热土上展开的，当时的萧山支中心建设走在全国同级支中心的前列。

但是，随着互联网技术的不断发展，网络技术不断更新，网络设备不断升级，共享工程萧山支中心软硬件水平渐渐跟不上时代发展的步伐，支中心建设遇到了前所未有的瓶颈。发展中遇到的最大困难就是资金不足，萧山图书馆所有的经费都依赖于财政拨款，当时网络专项经费仅够支持日常维护，网络设备升级的经费根本没有着落，资金短缺已经成为亟待解决的问题。

在与财政部门数次沟通无果后，萧山支中心转变了发展思路，把视线放在了区发改局主持的政府性投资信息化项目上，该项目旨在提高各政府部门的信息化水平，根据各单位需求的紧迫程度，给予不同程度的财政支持。通过走访其他成功申请到该项目支持的单位，深入了解该项目运作的基本情况，在总结各单位的成功经验后，支中心工作人员认定通过该项目争取共享工程建设资金的想法是可行的。于是支中心开始紧锣密鼓地筹备申报材料，凭借共享工程的社会影响力和翔实有力的申报材料，2007年6月，共享工程萧山支中心建设项目成功立项，获得

了85万元的资金支持，用于更新共享工程萧山支中心的硬件设备。使用该资金，支中心增添了服务器，扩展了存储容量和二级存储备份介质，购置了读者服务电脑，升级了部分设备，大大提高了支中心的硬件水平。有了这样一次项目成功获批的经验，2008年萧山支中心又向区发改局提交了共享工程萧山支中心建设（二期）工程，12月获得批准，项目共匡算资金367.8万元，用于更新支中心的软件及购买数字资源。使用该资金，支中心增加了随书光盘系统、视频服务平台、网络信息雷达、统一用户认证系统、远程访问系统、数字资源数据库平台等软件，购置了CNKI、万方数据和龙源期刊等数字资源。

目前，萧山支中心建有萧山图书馆网、萧山文化网、Apabi电子图书平台和萧山数字图书馆网。通过萧山图书馆网站，无须任何认证，就可以观看萧山图书馆湘湖讲堂的视频节目；通过Apabi电子图书平台，经过认证即可访问萧山图书馆的家谱数据库，阅读约7万册电子图书；通过萧山数字图书馆网，可使用中国知网全文数字期刊、万方数据、龙源期刊、中华医学会期刊、维普考试资源系统和爱迪克森网上报告厅等数字资源。同时，为解决广大群众到馆资源查询不方便的问题，萧山支中心还加入了浙江图书馆的联合知识导航网，读者通过萧山图书馆网站提问，不但可以得到萧山图书馆工作人员的解答，还可以获得浙江图书馆、浙江大学图书馆、浙江省信息情报中心等单位上百位专家的专业解答。

3. 萧山区政府信息公开查询点集群

政府信息公开是政府机构通过多种方式公开其政务活动，允许公民通过查询、阅览、复制、下载、摘录、收听、观看等形式，依法利用各级政府部门所控制的信息。《中华人民共和国政府信息公开条例》（以下简称《条例》）于2008年5月1日开始正式实施。《条例》的第十六条规定："各级人民政府应当在国家档案馆、公共图书馆设置政府信息查阅场所，并配备相应的设施、设备，为公民、法人或者其他组织获取政府信息提供便利。""行政机关应当及时向国家档案馆、公共图书馆提供主动公开的政府信息。"这表明，公共图书馆作为开展政府信息公开的主要场所已成为政府信息公开工作中的一部分。

萧山图书馆建立的政府信息公开查询中心设立于2008年7月，是萧山区三个政府信息公开查询点之一，项目资金来源同样是区发改局的信息化项目。查询中心建成后，工作人员主要负责提供政府信息的咨询答复和网络代查、打印等

服务。

同城镇相比，农村乡镇信息相对闭塞，广大农民群众缺乏对政府信息的了解渠道。考虑到这个问题，查询中心结合萧山区公共图书馆服务连锁体系的建设，在不增加投资和人员的情况下，充分整合利用分馆软硬件资源，在190多个镇、村分馆设立了萧山区政府信息公开查询点，共同组成了萧山区政府信息公开查询点集群，为老百姓提供家门口零距离的政府信息公开咨询和网络代查服务，从此老百姓在家门口就能获得跟自己生产生活息息相关的政策信息。信息公开查询服务一经推出，就受到当地百姓的热烈欢迎。

因政府信息公开工作是政策性很强的一项工作，工作人员的业务技能培训非常重要，为此中心编写了《图书馆政府信息公开查询点服务指南》《信息公开查询点工作人员应知应会》《分馆政府信息公开业务知识培训》等业务资料，分期分批对全区各分馆工作人员进行业务培训，并将培训情况纳入分馆年度工作考核中。

通过190多个查询点上下联动，萧山区政府信息公开查询工作深入萧山各个角落，让萧山区公共图书馆服务连锁体系各分馆摆脱了仅仅提供借书服务的传统意义图书馆角色，承担起更为神圣的社会责任——作为社会政治体系的一部分，成为确保公共信息公开、公平、公正传递的制度保障，成为政府与大众政治沟通的媒介，成为提供海量信息资源的真正意义上的现代图书馆。

凭借丰富的信息资源、出色的专业技能和广泛的查询布点，由萧山区公共图书馆服务连锁体系设立的政府信息公开查询点集群不仅受到政府的认可，还受到广大群众的广泛好评，让现代图书馆意识在萧山区深入人心，图书馆也成为了百姓心目中信息资源的集散地。

三、空间延伸——村村都有图书馆

虽然萧山区基层图书馆（室）建设有一定基础，但长期以来，其建设主角并不是公共图书馆，而是农家书屋，它是“由政府规划主导、农民自主管理的公用文化场所”，体制上的设定让公共图书馆的介入并不是名正言顺的。在这样的情况下，萧山图书馆积极介入，借助行政手段，成功将其纳入萧山区公共图书馆服务连锁体系统筹管理运作。

1. 主导工程建设

萧山图书馆结合萧山区农家书屋发展的现状，制定了《萧山区公共图书馆服务连锁体系建设规划》（以下简称《建设规划》）。这一规划方案得到了萧山区相关领导的肯定，区委宣传部专门从文化建设经费中划拨600万元对工程进行补助，还专门印发了与《建设规划》配套的《萧山区公共图书共享连锁体系“4341”工程建设实施方案》，要求各镇、村认真贯彻实施。

2. 争取政策保障

2008年7月，在萧山图书馆的努力下，萧山区委宣传部组织召开了萧山区公共图书共享连锁体系“4341”工程建设启动会议，成立了由区委领导担任组长，各镇街宣传员、有关单位领导为成员的萧山区公共图书馆服务连锁体系“4341”工程建设领导小组，负责工程实施过程中的组织领导工作。至此，在萧山图书馆指导下制定的工程《建设规划》具有了一定的可操作性，具体实施获得了政策保障。

3. 设计运作模式

在萧山区公共图书馆服务连锁体系建设过程中，以村或社区为单位成立筹建组向萧山图书馆提交建设申请，萧山图书馆对其馆舍、书架、电脑和人员安排等进行审核，符合办馆条件的，萧山图书馆即开始着手进行软件设施建设，主要包括图书资源的购置和分编、自动化管理软件的安装和升级、工作人员的业务培训等。建设完成后分馆挂牌开放，藏书由萧山图书馆（总馆）负责定期流转（从总馆调拨或从其他分馆调拨），使萧山区内所有分馆实现资源共享。

4. 取得长足发展

2008年下半年，萧山区公共图书馆服务连锁体系工程建设正式启动，当年便组建了50个农村分馆，实行总馆分馆资源共享、通借通还，使得萧山图书馆服务的辐射范围迅速扩大，读者接待量屡创新高。经过多年努力，目前，萧山区公共图书馆服务连锁体系共建成支（分）馆551家，实现了镇（街道）、村（社区）全覆盖，真正做到“一证在手，借遍萧山”。同时，所有分馆的借阅规则均同总馆一样，即免费办证、免证阅览，使萧山区公共图书馆服务彻底做到了零距离、零门槛。同2008年萧山图书馆主导工程建设之前相比，萧山区公共图书馆建设发生

了巨大变化。首先，公共图书馆（室）数量大幅增加，由157家增加到551家，且这551家分馆软硬件设施均按照《萧山区公共图书共享连锁体系“4341”工程建设实施方案》配置，各项功能都十分齐备；其次，购书经费得到有效保障，除萧山区委宣传部一次性投入工程补助外，由于分馆的资源与萧山图书馆实现共享，相当于每个分馆理论上的购书经费都和萧山图书馆相同，同时，由于萧山区公共图书馆服务连锁体系建设由萧山图书馆主导，政府拨付给萧山图书馆的购书经费也大幅增长；再次，开放时间得到有效保障，平均开放时间从每周21小时增加到35小时，极大地方便了读者；最后，借阅数量大幅增加，由于分馆软硬件设施全面升级、图书资源丰富且更新及时，吸引力有效增强，全区分馆借阅量逐年递增，真正成为了基层群众的休憩之地和精神家园。

四、形式延伸——品牌活动下分馆

为了给读者提供更高品质的文化享受，图书馆在提供传统基础服务项目之外，还应积极创新服务方式，开展形式多样的文化活动。萧山区公共图书馆服务连锁体系通过总分馆联动，共同开展讲座、读书等品牌活动，丰富了图书馆的服务内容，增强了图书馆的社会影响，为建立萧山区公共图书馆服务连锁体系长效机制打下了坚实的基础。

1. 湘湖讲堂

湘湖是萧山人民的母亲湖，“湘湖讲堂”是萧山图书馆以湘湖为名创建的自主文化品牌，邀请国内知名专家学者、区内优秀教师和各领域专家到馆举办讲座，就当今前沿和热点话题与读者展开面对面交流，还积极走出馆舍，将“湘湖讲堂”带到机关、企业、学校、社区、敬老院、军队和监狱，为各行各业量身定做讲座资源，大大提高了萧山图书馆的社会影响力。近年来，已先后举办了500多场次的讲座。萧山区公共图书馆服务连锁体系成立以后，萧山图书馆作为总馆，积极向各分馆进行讲座输出，为广大基层群众举办了许多高品位的文化公益讲座。从2010年3月起，“湘湖讲堂”连续开展了5场“走进沙地”系列讲座，在萧山东片沙地地区引起了强烈的反响。“湘湖讲堂”向分馆延伸，使更多的群众享受到了图书馆的优质服务，提高了人们对图书馆的认识，丰富了萧山群众的业余文化生活。

2. 未成年人读书节

2006年，浙江省公共图书馆界在浙江图书馆带领下，举办了首届浙江省未成年人读书节活动，自此，每年浙江省各级公共图书馆都步调一致、上下联动，举办以“我读书，我快乐，我智慧”为主题的未成年人读书节活动。这既是浙江省未成年人自己的读书节日，也是全面落实构筑和谐社会、加大公共服务、保障未成年人文化权益、发展文化事业的一项重要举措。萧山图书馆自首届浙江省未成年人读书节开始就积极响应，举办各类读书活动，总、分馆上下联动举办未成年人读书节活动，既扩大了萧山区未成年人读书节的覆盖面，也活跃了分馆的读书氛围，密切了总、分馆之间的联系。

3. 丰富多彩的阅读活动

为丰富读者的阅读生活，萧山图书馆经常开展各类读书活动，加强读者和图书馆的互动，增进读者和图书馆之间的感情。萧山区公共图书馆服务连锁体系成立以后，萧山图书馆借助总馆优势，充分发挥总馆—镇（街）支馆—村（社区）分馆的体系作用，将活动内容延伸至各分馆，从而实现了全区文化服务和活动的全覆盖。2009年6月，瓜沥镇渭水桥分馆举办了幼儿诗词朗诵活动，活动共有近百名小学生参与；同年10月，新湾镇支馆举办了“我真棒”幼儿故事大赛，该镇各幼儿园纷纷选派选手参加。活动形式多种多样，活动的举办方式和规模也不尽相同，在读者活动类型上，各分馆根据本馆实际情况，因地制宜，力争发挥活动的最大效果。通过各种各样的读者活动，萧山区公共图书馆服务连锁体系探索出了一条条行之有效的读者交流渠道，构建了一座座与读者沟通的桥梁。

第四节

萧山区公共图书馆服务连锁体系的经验总结

一、萧山区公共图书馆服务连锁体系建设的主要经验

在萧山区公共图书馆服务连锁体系建设过程中，萧山图书馆充分利用分馆覆

盖面广、辐射性强的特点，进行了大量创新尝试，取得了较好的社会效益。

（1）采取“统一标识、统一平台、统一资源、分级管理、分散服务”的模式，实现萧山区公共图书馆服务连锁体系的功能集群化、效益最大化。

萧山区公共图书馆服务连锁体系建设以市区为中心，在全区乡镇和街道设立支馆。总馆对各支馆予以重点支持，最大限度地保障这些支馆馆藏资源的数量和更新频率，使之能够满足各自所辖村、社区的分馆读者的借阅需求，实现以总馆带动支馆，以支馆带动各片区分馆，最大限度地发挥连锁体系的网络优势，节约时间和经济成本，提高资源利用率。在馆藏资源方面，连锁体系实现了资源共享、通借通还，最大限度地建立起结构合理、种类丰富、高效实用的藏书体系，根据各馆需求情况，灵活安排书籍轮换周期，使每个分馆资源都能定期得到更新。此外，连锁体系还实现了免费办证、免费借阅、异地借还，给农村读者带来了极大便利。萧山图书馆还积极利用萧山区公共图书馆服务连锁体系灵活机动、适应性强的服务特点，将文化信息资源共享工程服务点、政府信息公开查询点整合集成在连锁体系中，使萧山区公共图书馆服务连锁体系分馆不仅成为图书资源的集散地，还成为共享工程的最基层服务点、政府信息公开的最基层查询点、萧山区地方文献的最基层征集点、湘湖讲堂的最基层讲座点等。

（2）采取“规范教材、视频教学、自学为主、分散学习、随时培训”的模式，实现萧山区公共图书馆服务连锁体系工作人员培训的自动化。

图书管理员队伍是萧山区公共图书馆服务连锁体系能否实现长效运作的关键因素之一，在萧山区委宣传部的统一部署下，萧山区公共图书馆服务连锁体系管理员队伍得到了有效的制度保障（要求行政村指定专人定岗管理分馆，“专人”一般为文化宣传员）。作为总馆的萧山图书馆更多的是承担管理员的培训指导工作，随着图书管理员队伍的不断壮大，加上人员流动比较频繁，集中组织培训变得越来越困难，培训成本也越来越高。为此，萧山图书馆独辟蹊径，通过网络技术的应用基本实现了图书馆管理员培训的自动化。首先由总馆的资深馆员将图书馆工作内容编写成简捷、实用、规范的教材，并亲身示范制作成视频教材，放在萧山图书馆内网上，分馆管理员可以凭借自己的工作证密码登录后进行学习。此外，萧山图书馆还专门设立咨询电话，用于答复分馆管理员遇到的个性化问题，并及时总结归纳，在新的视频制作过程中给予反映，不断完善网上视频教程。

（3）采取“立足图书馆，放眼全社会”的模式，实现萧山区公共图书馆服务连锁体系服务群体的辐射化。

萧山区作为浙江省的工业强区，外来人口众多，这是一个容易被忽视却又十分需要阅读的群体。他们工作繁忙，社交圈子小，同时，农村企业的文化娱乐设施也相对滞后，使得他们的业余文化活动比较单调。在分馆实现全覆盖之后，萧山区公共图书馆服务连锁体系开始将眼光放到外来务工人员群体上，借助连锁体系在全区的影响力，萧山图书馆向全区的工业企业发出了《文明幸福新萧山，读书声里是我家——萧山区公共图书馆服务连锁体系建设走进村企》倡议书，整合企业阅览室和萧山区公共图书馆服务连锁体系的硬件资源，升级企业阅览室，使其成为萧山区公共图书馆服务连锁体系的重要组成部分，享受“通借通还，资源共享”的便利。截至目前，共建成正凯集团、永翔集团2家“村企图书馆”，帮助企业构建企业文化，将图书馆服务辐射到外来务工人员群体，丰富企业职工的业余文化生活，提升他们的阅读水平。每年“4·23读书节”，借助萧山区公共图书馆服务连锁体系活动平台，萧山图书馆还在萧山区外来务工人员子弟学校开展丰富多彩的阅读活动，主动将这个群体纳入到萧山区公共图书馆服务连锁体系的服务范畴，赋予了连锁体系新的服务内容。

二、萧山区公共图书馆服务连锁体系的提升空间

萧山区公共图书馆服务连锁体系虽然在萧山全域建立起了比较完善的图书馆服务网络，但这并不意味着萧山区图书馆事业已经尽善尽美。在长期的实践过程中，我们发现，体系运作中尚存在一定的可提升空间，从这些方面着手，可以促进公共图书馆服务体系更加完善，不断满足人民群众日益增长的多样化文化需求。

（1）重心下移，不断丰富基层图书馆服务的形式和手段。

目前，以萧山图书馆为总馆、镇（街道）图书馆为支馆、村（社区）图书馆为分馆的萧山区公共图书馆服务连锁体系基本建立并正常运作，但是与总馆专业人才多、读者活动多、藏书资源丰富形成鲜明对比的是，各支（分）馆目前还仅限于借、还书等公共图书馆基本服务，除总馆送活动下基层之外，基层图书馆开展读者活动的主动性还不强。因此，在总馆业务开展得有条不紊的基础上，萧山区公共图书馆服务连锁体系应当更加注重总分馆的互动，将更多的资源向基层倾斜，有计划地派遣总馆人员，长期下基层开展业务指导，将总馆服务读者的成功经验传授给分馆，使分馆的读者也能够享受到均等化的图书馆文化服务。

（2）强化服务，不断提高基层图书馆服务的能力和水平。

“以读者为中心”是衡量图书馆服务质量的重要标准，也是图书馆赢得读者、提高读者满意度的关键所在。必须在平时潜移默化，时时为分馆管理员灌输“读者至上”的现代图书馆服务理念，让他们在思想和行动上认同这一理念，在资源建设、服务读者、开展活动时站在读者的角度思考问题、改善服务，将“以读者为中心”的理念切实贯彻到具体的服务工作和图书馆建设实践中去。同时，总馆在进行连锁体系资源建设规划时，也要统筹考虑分馆的实际需求，对当前形势做出调查和评估，为分馆引好路、搭好桥，促进分馆建设工作不断推陈出新，实现分馆服务质量不断提升。

（3）加强创新，不断拓展基层图书馆服务的领域和空间。

萧山区公共图书馆服务连锁体系成功的最大秘诀在于创新，要想使体系不断焕发生机和活力，就不能停止创新的步伐。要积极探索新方法、新手段，让创新成为贯穿萧山区公共图书馆服务连锁体系持续运作的主旋律。要积极适应新环境、新要求，不断拓展分馆服务的范围。国外有很多图书馆，不仅是图书的海洋，还是信息的集散地，他们不断尝试，如为图书馆读者提供理财信息服务、求职信息服务等。创新来源于需求，图书馆天然具备很强的信息处理能力，因此要利用好这天赋的优势，加强读者调研，及时发现全新的读者需求，结合图书馆的信息资源，为读者开辟新的服务类型和服务内容，使读者走进图书馆时不再局限于读书，而是可以满足他们全方位的信息需求。

（4）因地制宜，不断发掘基层图书馆服务的特色和个性。

千篇一律不是美，多彩多姿才是美。虽然萧山区公共图书馆服务连锁体系为

分馆建设实施了统一的标准，但每一个分馆都是当地重要的文化驿站，应当充分融入当地的文化基因，增加当地读者对所处地域、文化的认同感，这样才能建设出令当地群众满意的图书馆。因此，在强调标准化建设的同时，还要因地制宜，不断挖掘当地的文化元素，将图书馆文化和当地文化进行有机融合，使萧山区公共图书馆服务连锁体系的分馆能够成为当地文化事业的承载地，从而使萧山区公共图书馆服务连锁体系得到更多方面的支持，促进长期、可持续的发展。

在基层公共文化越来越受到各级党委政府高度重视的当下，基层公共图书馆必须牢固树立机遇意识，以时不我待的精神，积极投身区域文化服务平台建设；必须牢固树立主人翁意识，找准自身定位，以免在构建基层公共文化体系的大潮中被边缘化；必须牢固树立创新意识，在工作中学会借力打力，全面整合政府、社会、图书馆各方力量和资源，妥善设计、经营区域公共图书馆服务体系，推动长效化运作。总之，对基层公共图书馆来说，当前是一个难得的历史机遇，抓住这个机遇，可以有效促进基层公共图书馆事业的大繁荣、大发展，打开基层服务的新局面，使基层图书馆在基层公共文化体系建设中占有重要的一席之地，在社会主义先进文化建设中发挥更大、更积极的作用。

在农家书屋培育创新的种子

——萧山区481家农家书屋的现状掠影及发展思考

◎ 杭州市萧山区文联　蔡惠泉

书籍是人类文明的载体、进步的阶梯。中华文化源远流长，如三坟五典、经史子集、永乐大典、四库全书。现代流行的电子读物，是甲骨文、钟鼎文、竹简和羊皮书等古代文明的发展与创新。

古今中外，读书求知惊天地。柏拉图对话文艺，布鲁诺勇赴火刑，大英博物馆地上的脚印，列宁一天连吃“六个墨水瓶”；韦编三绝，悬梁刺股，凿壁偷光，囊萤映雪，宋濂借书“计日以还”，杨时程门立雪；鲁迅在生命的最后一刻说，倘能生存，仍要学习……

我区农家书屋开架的百万册图书，为富裕起来的村民提供了现成的精神食粮，小康生活的萧山人怎么读书，怎么提高对文化科学技术的认知，怎么跻身全球国民人均读书量排行的前列，亟待研究。

仲夏5月，应市民进文工委副主任孙勤馆长之邀，笔者参加了图书馆“读书声里是我家”的采风活动，走访了楼塔、河上、临浦（永翔集团）、新街和临江工业园区的农家书屋（下称“书屋”）、图书馆，见所未见，闻所未闻，眼界大开，耳目一新，觉得有“洞中才三日，世上已千年”的恍惚之感——改革开放给萧山的文化生活带来了隔世般的巨变。

窗明几净　图书满架　电子阅览

走马观花，浮光掠影。步入书屋，目光所及是明窗净几，图书叠架。耳闻瓜沥镇横埂头村两层的文化礼堂全区领先，藏书上万册，一楼教室排列电脑40台；目睹临浦镇通二村电子图书阅览室，几十台液晶电脑整齐划一，文化长廊图文并茂。中国特色社会主义文化建设大发展大繁荣，摆上发展议事日程。

抚今思昔，感慨良多；赘述旧事，感恩发展。

1970年，笔者就读于萧山中学——县城最高学府，高中两年没听说过书报阅览；几年后县计委发批文，当上工人，才有资格申领到一本图书馆借书证。当年申请此证犹如当下购车摇号，农民要借书则更费时费力。图书馆外借部设在清代重修的祇园寺大殿，佛门书香，玻璃架围成的四方形书库立在空荡荡的大殿中央，即是馆藏图书半开架借阅的全部家当——估算起来也只有今日家庭藏书的十倍左右。

与图书并列的还有各类报刊，如戚家池书屋为村民订阅的报纸达30多种，杂志40多种，可谓门类齐全。而笔者读报的深刻记忆，是20世纪80年代初在杭州大学（现浙江大学西溪校区）学生寝室，系里分下来一份《人民日报》，就是在那时读到了东北地区狂炒君子兰的报道，这与后来萧山的“龙柏烧狗肉”有异曲同工之“妙”。

书屋是一集合概念，周围大多还设有活动室、健身房、排舞场、篮球场、宣传栏、演出舞台、文化长廊等文体设施，因地制宜，兼容并蓄。

临江图书馆新落成，气派宏大，设施俱全。书架上方的感应灯反应灵敏、光线柔和，少儿天地独立划块，阅读区域宽敞明亮，休闲座椅温馨舒适，文化沙龙诗意盎然。与之相较，笔者当年就读的省内唯一的综合性大学书报阅览室的规模和外借方式反倒相形见绌了：座位少，空间逼仄；封闭式借阅，索书单上填写书名书号后由传送机递到10多层高的书库里，十有八九杳无音信。

好矿藏要人去探索开采，好钢铁要熔炉反复锤炼，好苗子要园丁悉心栽培。

粗略估算，全区的书屋藏书量应该在百万册之上。书海茫茫，学海无涯，全区村民该怎样来驾驭这读书之舟，纵横于科学知识的海洋？

假日学校 少儿妇女专柜 专题讲座

一位文化站站长说，书要接地气，才会被老百姓所接受。

要形成一种“好读书，读好书，读书好”的习俗民风，不是短期的努力即可奏效，而需要几代人的坚持。

目前，政府在政策上积极支持，但这烧钱的惠民工程并非一锤子买卖，须细水长流，坚守住这铁打的书香营盘；硬件设施建设大多完善，但也有的将其安排在寺庙的偏房，村民进出要走过地上粘满蜡烛油的香炉旁，感觉有些另类搞笑；还要建立一套严格的操作、管理制度。万事开头难，人不可能一口吃成一个胖子；其中关键的因素还是要有耐心，友善、科学地接待、引导读者。当今社会人心浮躁，快餐文化盛行，微博微信漫天飞舞，静下心来坐冷板凳读书，绝非一日之功。

有国民阅读调查的结果显示："以色列全年人均读书60多册，中国人均不到5册，近邻国家的人均阅读量也往往超过我们数倍。"（《人民政协报》2014年6月9日9版《不是为了什么而读书》）

所以书屋这接地气的活儿确实值得研究。瓜沥镇渭水桥村书屋面积达300平方米。南阳镇赭东村书屋的图书借阅状况发展良好，该图书室藏书7 000多册，村民600多户，图书借阅量从2011年的不足百人次跃升至2013年的1 500多人次，到今年5月底就超过1 000人次。东片沙地地区的书屋吸引读者恋上了书刊的方式灵活多样。其口号是"弘扬沙地文化"，形式有举办各类讲座，开展读书征文比赛，安排幼儿园的孩子熟悉阅览室环境，不限时预约借书还书，倡导微笑服务，招徕"回头客"，开办假日学校，请放假回乡的大学生辅导村里的邻家弟妹等。

由此看来，书屋管理工作人员的职业道德和业务素质水平显得十分重要。他们要像坚守在山区、海岛、社区的全科医生，任劳任怨，无论什么病都能应付。服务学生读者，要了解语、数、外，理、化、生，甚至还有模块等学科知识点的基本状况；服务老年、妇女读者，要掌握医疗保健、休闲养生、烹饪料理等常识；服务种植养殖户，要了解肥料、饲料、病虫害防治及农产品市场行情；服务中青年读者，要懂得《货币战争》《陆犯焉识》……

总之，看似不起眼的书屋管理员，却是一地一村文化建设的引领人，他们要和各色各类读者打交道，一言一行都会影响到读者，因而任重道远。

唐代大诗人白居易说："文章合为时而著，歌诗合为事而作。"

书屋软件建设亟待因时因地扩展深入。可以分地域（文化）专题、学科专题、读者对象专题等进行试点活动，如湘湖文化、潮文化、沙地精神、楼塔细十番、农民篮球队、河上"珍粟红"、临浦西施古迹，以及文武、理工、农医、科学小制作等种类，整理资料书籍，安排实验器材，寻找兴趣爱好者和志愿者，组织业余或专业研究人员，设立图书专柜等。

那位文化站长接地气的话，所言与白居易所论有交叉重合，提出了读书的功利性、目的性和时代性、使命感等问题。

在农家书屋培育创新种子

今年是甲午年，甲午之殇应是国人皆知。而实际上全社会对此知晓度如何，笔者没有问卷、随机调查，不便妄加评论。然书屋一圈转下来，没有见到有关这方面的醒

目的提示与宣传，笔者有些失落。“风声雨声读书声，声声入耳；家事国事天下事，事事关心”，在这钓鱼岛主权争议未决、南海诸岛风云又起、祖国尚未统一的纷争年代，120年前北洋水师全军覆没又割地赔款（四万万两白银）的耻辱与惨痛，绝不应该轻易忘却。

“新加坡有什么？”如果你问一位新加坡人，多半会听到这样的回答：新加坡什么都没有，只有人才。在全球最具竞争力的国家行列中，新加坡稳居前三名。人才立国就是“弹丸之地”新加坡之所以能够创造一系列奇迹的秘诀所在。

习近平同志日前在两院院士大会上发表讲话，指出“科技是国家强盛之基，创新是民族进步之魂”，言之凿凿，情之切切。

能否设想，若干年之后，当书屋走出了若干名科学家、发明家、教育家、社会学家等创新型人才，成为圆强国之梦的扛鼎萧山人，成为“国家的财富、人民的骄傲、民族的光荣”（习近平语）之时，犹记得当年书屋中夯下的创新基础？

本文标题是套用“在中国培育创新的种子”而来，书屋的功用除了丰富村民的业余精神文化生活之外，尤其要关注下一代的健康成长与探索、创新精神的培育。

《老子》说：“合抱之木，生于毫末；九层之台，起于累土；千里之行，始于足下。”清人陈澹然认为：“不谋全局者不足以谋一域，不谋万世者不足以谋一时。”先人、哲人告诉我们认识事物的发展规律，办书屋亦然。

读报借刊是书屋的日常工作，其实报纸上的文章更及时、前卫。要做好即时利用传递和收集整理归档的工作。笔者书桌上正有三例。

鱼鳞、壁虎、蝴蝶，日常所见，其中有可供思考借鉴创新发明的因子。

“研究鱼鳞的结构可以使盔甲更坚硬，研究壁虎足底的结构可以使胶水的黏性更好，那么研究蝴蝶翅膀的结构能否生产出一种拥有同样艳丽色彩的材料？”在北京航空航天大学新主楼的办公室里，美国加州大学伯克利分校教授、劳伦斯伯克利国家实验室首席科学家罗伯特·奥利弗·里奇侃侃而谈：“大自然设计出这些生物，真是太神奇了！我喜欢从它们的结构中寻找灵感，发明新型人造材料。”（《人民日报》2014年6月5日3版《在中国培育创新的种子》）

《光明日报》2014年6月4日5版，通栏标题《民族复兴中国梦的文化根基与价值支撑》，文章开篇即是“三君子问出‘文化焦虑’”的大课题。一是黄炎培问“中共诸君如何找出一条新路”，以跳出几千年新旧朝代更替的历史循环？二是梁启超问“郑和之后，竟无第二个郑和”？三是李约瑟替华人鸣不平：中世纪中国还领先

于欧洲，后来怎么会落后呢?

《萧山日报》2014年6月6日A1版“时政新闻”头条通栏《发挥生态优势 建设美丽乡村 实现绿色崛起》，区委副书记、副区长卢春强在南片八镇调研时强调指出，树立“青山绿水就是金山银山”的理念……

这三则剪报提出的都是我们必须直面的问题。

用一车皮的牛皮鞋、服装去换回一旅行包的芯片，出售一台黑白电视机或者DVD机子等要向国外缴纳若干项发明专利费，人们对此见怪不怪。世上落地的苹果砸到的人绝非仅限牛顿，看到水壶盖被蒸汽冲击上抬也不是瓦特的专利，富兰克林、爱迪生、莱特兄弟和比尔·盖茨的生命基因也并非美洲大陆特有，木匠的儿子早会使斧头、凿子，科学的种子要在怎样的土壤中才能萌发?

人无文化，浮躁浅薄，难免“其亡也忽焉”，家国亦然。反腐败，清政风，路人皆知。眼下，纪念、复兴陆上与海上的“丝绸之路”工作，正在大张旗鼓进行。

至于曾经是青山绿水、泉涌鱼欢的楼塔、河上一带，发生了村民买水喝的怪事，20年前《联谊报》就头版报道，实在是心疼得很。赖以立足生存的家园都被污染，虚浮的钱财又有何用!

读书读报要结合形势，抓住要点，消化理解，逐步深入，为主题服务。

总之，四大发明、圆周率和侯德榜联碱法是祖先、前人所创，子孙还需自重；黄金屋、千钟粟、颜如玉显得迂腐、酸楚，不足为证；为中华之崛起而读书，托起明天的太阳，有些高远，应当仰视。我们只需做些实实在在的、平平凡凡的工作，在现有书屋硬件设施的基础上，注重软件的提高，把人（管理者和读者）这首先的、第一的“软件”努力建设好，引导读者积极动手、动脑，形成软硬件并重、老少年共读的学习气氛，力争早日在书屋培育出创新的种子。

推进公共图书馆服务均等化的实践与思考

——以杭州市萧山图书馆为例

◎ 杭州市萧山图书馆　朱军华

十八届三中全会《关于全面深化改革若干重大问题的决定》要求：“构建现代公共文化服务体系。建立公共文化服务体系建设协调机制，统筹服务设施网络建设，促进基本公共文化服务标准化、均等化。”这是构建社会主义和谐社会、维护社会公平正义的迫切需要，也是全面建设服务型政府的内在要求，对于丰富人民精神文化生活，提高全民族科学文化素养，具有十分重要的意义。

公共图书馆在构建和完善现代公共文化体系中肩负着重要的社会责任。如何加快建立覆盖全社会的公共图书馆服务体系，扩大服务群体，保障全体公民平等享用公共图书馆资源是目前图书馆面临的一项重要任务。本文结合杭州市萧山图书馆的实践，就在当前文化发展背景下，如何推进公共图书馆服务均等化做一探讨。

一、公共图书馆服务均等化的内涵

公共图书馆是政府投资兴建、面向公众开放的公共文化设施，是开展公共文化服务的重要场所。联合国教科文组织和国际图联共同制定的《公共图书馆宣言》（1994年）指出，公共图书馆应该在人人享有平等权利的基础上，不分年龄、种族、性别、

宗教信仰、国籍、语言或社会地位，向所有的人提供服务。

公共图书馆推行服务均等化是实现公民平等、自由、合法利用图书馆获取文化信息权利的重要途径。公共图书馆服务均等化，是指一个国家或地区的公共图书馆服务体系可以保障居住其中的所有人，无论其经济社会地位、居住场所、年龄、性别、身体状况、种族、宗教等区别，都能就近获得知识、信息、文化资源以及其他图书馆服务。公共图书馆服务均等化包括两层含义：一是全体公民享有公共图书馆服务的机会均等，二是服务结果大体相等。

目前，由于经费投入、人员保障、服务理念等因素，距离实现公共图书馆服务均等化还有一定的差距。当前服务的不均等主要体现在城乡区域的不均等、服务人群的不均等和服务功能的不均等等方面。

二、萧山区公共图书馆服务均等化的实践

1. 所有馆藏资源免费开放

2007年2月1日，萧山图书馆新馆开放，推出了“免证阅览，免费借阅”的“零门槛”服务，所有读者只需凭身份证、户口本等有效证件就可办理借书证。同时，宣布免除图书、期刊借阅逾期费。此举一出，当年即办理新证近3万本，并创下了“开馆一周年读者超百万”的好成绩，全年的书刊流通量达到了1 025 358册次。2009年5月29日，萧山图书馆开始推行免押金办理借书证服务，同时开展押金清退工作。2011年3月1日，萧山图书馆电子阅览室也实行免费开放。至此，萧山图书馆所有馆藏资源都实现了免费开放，走在了全国县（区）馆的前列，萧山图书馆称得上是全区最大的免费公众学习空间。

2. 大力推进公共图书馆服务连锁体系建设

建立全覆盖的图书馆服务网群是县（区）级公共图书馆实现服务均等化的重要途径。自2008年起，萧山图书馆在区委区政府支持下，积极开展萧山区公共图书馆服务连锁体系建设。该体系以萧山图书馆为总馆，镇（街）和村（社区）图书馆为支分馆，图书流通车为补充，实行“统一标识、统一平台、统一资源、分级管理、分散服务”的运作模式，在全区所有图书馆之间实现“通借通还，资源共享”。该服务连锁体系通过三年多的建设实践，到2011年年底，共建成分馆551家，公共图

书馆服务在萧山基本实现城乡一体化。2012年，萧山图书馆把农家书屋建设与村（社区）图书分馆建设有机结合，实现了区内服务连锁体系建设的全覆盖。

3. 数字图书馆实现24小时服务

数字图书馆以其丰富的文献资源和全天候的无间断服务受到越来越多读者的青睐。目前，萧山数字图书馆网共有10多万册电子图书可供读者阅读，持证读者在萧山区内任何IP地址都可自由借阅电子图书或使用中国知网全文数字期刊（CNKI）、万方数据、龙源期刊、中华医学会期刊、维普考试资源系统和爱迪克森网上报告厅等数字资源。在萧山图书馆内，通过杭州地区九馆一证通VPN网络和浙江数字文化网，可以访问天方有声图书馆、书生之家、龙语瀚堂典籍、独秀知识库、北大法律信息网等数字资源，有效地突破了图书馆服务的时空限制。

4. 品牌读书活动走进基层

在全区公共图书馆服务连锁体系推进的过程中，为吸引更多的群众走进图书分馆，除了免费开放、做好日常服务外，萧山图书馆还积极探索基层图书馆的可持续发展问题，在条件成熟的图书分馆广泛开展各类读书活动，共同营造爱书读书的良好氛围。公益性品牌讲座“湘湖讲堂”多次送讲座到基层，同时开展“我真棒”故事大赛、建党红诗朗诵会、经典国学朗诵接力赛、农家飘书香数字资源推广等品牌读书活动。活动变“送文化”为“种文化”，不仅丰富了群众的文化生活，也进一步增加了图书分馆对百姓的吸引力。

5. 为弱势群体和外来务工人员提供服务

公共图书馆的服务均等化不单体现在满足城乡居民平等阅读的需求上，同时也体现在对弱势群体的人文关怀上。萧山图书馆内设有残疾人无障碍通道和盲人阅读区，能满足一些特殊服务需求。在2012年农家书屋工程推进的过程中，萧山图书馆把建设触角向外来务工人员集中的企业延伸，让他们也能享受到和萧山居民同等的“零门槛”图书借阅权利。截至目前，共建成正凯集团、永翔集团、爱华文具等“企业书屋”16家。与此同时，图书馆还常年设立“墨韵书香”放映厅，利用文化信息资源共享工程的相关影视资源，免费为外来务工人员及其子女提供公共文化服

务，并在外来务工人员子弟学校—— 萧山阳光学校设立了图书流通点，为广大师生提供图书借阅服务。

三、萧山区推进公共图书馆服务均等化存在的问题

1. 镇村图书分馆建设不够平衡

目前，萧山区公共图书馆服务基本可分为三个层次，第一层次是选址科学，落实设施设备，安排专人进行管理，开放效果较好，并经常性地开展读书活动和讲座；第二层次是图书分馆建设相对完善，但服务水平和服务能力仍与群众阅读需求有差距；第三层次是建设标准较低，设施过于陈旧，不能满足群众阅读需要。

2. 缺乏足够的财力保障

萧山区公共图书馆服务连锁体系内各图书分馆的图书资源由总馆萧山图书馆统一配送，但其他各类费用，如人员经费、设施经费、报刊经费则由各镇街、村（社区）自行解决。由于镇街之间财力的不均衡，相应投入的标准也存在差距。特别是资金相对短缺的镇街，用于图书分馆建设的资金只能是一种较低水平的改善。没有足够的财力保障，很难真正建立公共图书馆服务均等化的长效机制。

3. 基层图书管理员队伍不够稳定

如果说财力支撑是基础，那么队伍建设就是实现公共图书馆服务均等化的核心因素。目前萧山区基层图书管理员队伍中，镇街一级图书支馆大多安排了专职管理员，基本能够实现正常开放。但村（社区）图书分馆（农家书屋）管理员则大都由村级宣传文化员兼任，业务能力不强，队伍不稳定，导致一些服务无法正常有序开展。这一因素严重制约了实现公共图书馆服务均等化的进程。

4. 对弱势群体和特殊人群的服务质量有待提升

目前，萧山区内各级图书馆都面向外来务工人员、老年人、少年儿童和残疾人免费开放，萧山图书馆内还设有盲人阅读区，并配备听书机和盲文读物。但总体来看，图书馆对弱势群体和特殊人群的文化需求和服务细节把握还不够全面准

确，服务质量有待进一步提升。

四、萧山区推进公共图书馆服务均等化的对策与建议

1．建立经费投入保障机制

加大政府对公共图书馆服务均等化建设的资金支持力度，逐步健全政府主导、财政投入稳定增长、鼓励社会力量参与的投入机制。一是要建立文化投入的稳定增长机制。按照国家有关政策，区镇两级财政要逐年加大对公益性文化事业单位的投入，把图书馆建设纳入到当地政府部门文化建设总体规划和财政预算，确保文化事业经费的增长不低于财政经常性收入的增长幅度。二是要把深化文化体制改革与加强政策引导结合起来，把加大投入力度与转变投入方式结合起来，财政投入逐步从以“养人”为主向以“养事”为主转变，从以一般投入为主向以项目投入为主转变，提高资金使用效率。三是要积极探索建立公共文化多元化投入机制，鼓励社会力量对公共图书馆进行捐赠和投入，拓宽经费来源渠道。图书馆要创新服务内容和方式，以文化服务的品牌效应积极主动地吸引社会资本的参与。

2．提升图书分馆建设质量

目前，萧山已经建立起了全覆盖的公共图书馆服务连锁体系，为实现图书馆均等化服务奠定了良好的基础。各镇（街）、村（社区）要进一步对照全区连锁体系建设规定的标准和要求，加大对图书支分馆的软硬件投入，完善服务设施，丰富服务内容，规范服务要求，提高服务水平，确保开放时间，定期或不定期开展群众喜闻乐见的读书活动，使人民群众的基本文化权益得到有效的保障。真正在全区建立起服务网络覆盖城乡、组织结构科学合理、文献资源统一调配、服务质量基本一致、服务内容普遍均等的公共图书馆服务体系。

3．加强基层图书管理员队伍建设

实现公共图书馆服务均等化，必须把建设一支高素质的图书管理员队伍放在突出位置。一要积极落实《杭州市委办公厅、市政府办公厅关于进一步加强杭州市公共图书馆服务体系建设的实施意见》（市委办发〔2011〕150号）文件精神，建立起全区27个镇街图书分馆人员派驻制度，负责日常工作。派驻人员由萧山图书馆统一培

训、考核。二要切实提高农村专职宣传文化员的待遇，建立农村宣传文化员服务管理的长效机制，稳定队伍，提升能力。三要建立定期培训制度，每年组织基层图书管理员参加业务培训，不断提升其服务能力和服务水平。

4. 依靠信息技术创新服务方式与内容

信息技术的高速发展为公共图书馆服务均等化提供了潜在的技术平台，数字图书馆、手机APP正逐渐成为人们更为习惯的服务平台。公共图书馆要适应信息技术本身的发展，加大力度建设和购买相关数字化文献资源，力求借助于最普通和最为便捷的网络通信工具把服务送达服务对象。让读者足不出户就可轻松查询书目、续借图书、查阅获取文献数据库全文资源等。与此同时，公共图书馆还可依靠信息技术，拓宽服务方式与内容，有条件的可以开通即时通信软件为读者服务，这些服务包括服务项目咨询、宣传推广以及服务需求调研等。

5. 关注特殊群体，做到服务全覆盖

为了更好地满足特殊群体的基本文化服务需求，公共图书馆一要进一步拓宽为特殊人群提供的特殊文化服务项目，比如为各类残障读者提供送货上门或其他特殊借阅通道，为流动人口提供流动图书馆等服务项目；二要举办面向特殊群体的公共图书馆文化服务公益讲座，比如文献资源查询和检索技术培训等，以提高他们利用公共图书馆资源的能力，主动培育潜在读者群；三要进一步密切与特殊教育学校、外来务工人员子弟学校、残联、老龄委等机构的联系，提供符合特殊需求的图书馆服务。

均等化服务是公共图书馆的目标追求。在文化氛围日益浓厚、全社会大力推进公共文化服务体系建设的今天，公共图书馆要不断创新服务体制和机制，努力达到图书资源均等化、服务体系全覆盖、服务技术全渗透、服务对象全覆盖等要求，最大限度地满足社会不同层次人群的精神文化需求。

对农家书屋
可持续发展的几点思考

——以萧山区农家书屋建设为例

◎ 杭州市萧山图书馆　陈勇

自2007年3月新闻出版总署、中央文明办等八部委联合下发《“农家书屋”工程实施意见》以来，农家书屋建设得到了各级政府的重视，形成了全国性的建设热潮，2015年将基本覆盖全国的64万个行政村。按照《“农家书屋”工程实施意见》，农家书屋的管理主要采用农民“自主管理，自我服务”模式，各地在此基础上也进行了许多有意义的探索。

萧山图书馆作为本地区农家书屋建设的业务指导单位，对图书配置的策划、编目加工的规范、业务人员的培训和管理规章的制定等方面进行了全面的参与及规划，开创了公共图书馆主导的农家书屋建设发展模式，其精细化的图书配置思路、标准化的分类加工模式、规范化的制度体系以及多元化的服务内核对于推动全区农家书屋可持续发展起到了积极的作用。

一、构建萧山农家书屋建设模式

农家书屋是一项系统工程，区政府将全区481个（其中：行政村411个，转制社区70个）农家书屋建设落实到区文广新局，由区图书馆实施资源配置和业务指导，目标是建设与萧山城市发展相适应的现代图书馆公共服务体系，初步形

成以萧山图书馆为总馆、镇（街道）图书馆为支馆、村（社区）图书馆为分馆、图书流通车为补充的地区图书馆服务网群，实现图书资源在全区范围内“通借通还，资源共享”。为实现上述目标，区委宣传部印发了《萧山区公共图书馆服务连锁体系建设实施方案》，提出了萧山农家书屋建设的总体要求、建设标准、经费投入计划及建设流程，具体如下。

1. 总体要求

全区农家书屋建设按照“三统两分”的总体要求实施，即：统一标识，农家书屋各项标识系统必须规范统一、格调一致；统一平台，农家书屋采用与区图书馆相同的业务管理系统运作；统一资源，文献资源由区图书馆统一采购、集中编目、统一调配、定期轮换；分级管理，农家书屋开放运行的日常事务由属地政府管理，业务由区图书馆进行指导；分散服务，农家书屋之间实行“通借通还，资源共享”。

2. 建设标准

为规范全区农家书屋建设，区图书馆制定了相应建设标准，包括：有用于文化服务的固定场所，具备图书外借、报刊阅览、电子阅览、文化信息资源共享工程服务等功能；藏书不少于1 500册，1 200种，报刊不少于10种，音像制品不少于100种；阅览座位不少于10个；计算机1台，计算机网络带宽不低于2兆；有专人负责日常事务；开展公益性服务，每天开放不少于3小时，双休日适当延长，每周开放时间不少于30小时。

3. 经费投入计划

全区的农家书屋建设资金采取分级投入的办法。由区、镇（街道）、村（社区）三级分别承担，其中区级承担图书资源建设、软件设施的建设和维护，包括图书资源的购置和流转、数据库的购置和制作、自动化软件的购置和升级、工作人员的业务培训等经费；镇（街道）、村（社区）承担硬件设施的建设、维持以及日常管理等经费。

4. 建设流程

在全区农家书屋建设过程中，以镇（街道）为单位成立筹建组，向区图书馆提交建设申请，区图书馆对其馆舍、书架、电脑和人员安排等进行审核，符合办馆条件的，由区图书馆进行软件设施建设，主要包括图书资源的购置和分编、自动化管理软件的安装和升级、工作人员的业务培训等。建设完成后农家书屋挂牌开放，藏书由区图书馆负责定期流转（从总馆调拨或从其他分馆调拨）。在日常管理方面，区图书馆制定了《图书馆分馆服务手册》《区公共图书馆服务连锁体系建设手册 》等管理规范，使农家书屋建成后能够快速实现规范管理。

二、农家书屋建设取得的成效

自2008年全区农家书屋建设启动以来，经过三年的努力，镇（街道）、村（社区）农家书屋建设基本达到了全覆盖，免证阅览、免费办证、通借通还、预约借书，使萧山图书馆实现了“零距离、零门槛”的服务目标。主要体现在以下四个方面。

1. 数量增多

全区农家书屋由157家增加到481家，每家软硬件设施均按照标准配置，各项功能比较完善。

2. 经费增长

前期，区财政划拨专项经费1 500万元用于农家书屋建设，区委宣传部也先后投入了560万元建设补助经费。建成后，因农家书屋资源由区图书馆主导调配，资源共享，故政府每年拨给区图书馆的购书经费也有较大幅度的增长。

3. 时间延长

每周开放时间从21小时延长到不少于30小时，方便了农村读者图书的借阅，较好地满足了农民群众的精神文化需求。

4. 读者增加

农家书屋由于设施升级，资源丰富，服务规范，吸引力有效增强，读者数量、借阅数量每年都有较大幅度的提高。

三、农家书屋运行存在的问题

农家书屋的建立调动了农民阅读图书的浓厚兴趣，已经成为我区农民形成文化自信以及提高农民素质、建设文化强区的重要条件。农家书屋的出现是农民生活状态改变、生活水平提高的重要标志，但也存在不可忽视的问题。

1. 资源有待丰富

对农村阅读需求缺乏全面系统的调查研究，提供的服务产品不能很好地适应农民需求，存在着好书少、实用书少，借阅率低下的问题。图书脱离农村实际，种类过于单一，无法真正吸引农民群众。

2. 管理有待加强

绝大多数农家书屋的管理员为兼职，有的身兼数职，没有经过系统的培训，不能全身心投入到管理与服务中去，以致部分农家书屋不能正常开放，甚至关门了事；有的书屋管理比较混乱，使农家书屋变成了“空”屋，影响了农家书屋服务农民作用的正常发挥。

3. 功能有待完善

农家书屋除了图书和少量的报刊外，别无它物。除了书本上的知识，农民更需要的是直观、动态的，集文本、声像于一体的视频和光盘等电子文献，以及吸引农民的各类有益的形式多样的农民读书活动。

4. 政府有待重视

有的镇街对农家书屋建设的重要意义缺乏足够认识，虽然建起了农家书屋，但屋里却十分冷清，书架上的图书已落上了厚厚一层灰尘。显而易见，农家书屋里的图书已经很长时间无人翻阅了。农家书屋成为闲置品，成为装点门

面的摆设，成为应付上级检查的道具，成为新农村建设的点缀。

四、农家书屋可持续发展的几点思考

农家书屋使农民在家门口就能受益，成为农民寻求知识、增长见识的乐土，在建设“生产发展，生活宽裕，乡风文明，村容整洁，管理民主”的“美丽乡村”方面发挥着积极作用，受到广大农民的普遍欢迎。因此，农家书屋既要建好，又要管好，更要用好。

1. 丰富资源是活力

要以省新闻出版局、省农家书屋工程建设协调小组办公室制定的《省农家书屋重点出版物推荐目录》为基础，组织农民代表，农家书屋管理员，省市区三级农家书屋办公室工作人员以及农业、法律、教育、医疗等方面的专家进行书目选择，内容可涉及农业、经济、法律、生活、科普、文学传记等各个方面，确保为农家书屋提供的书籍多元化，满足不同层次农民群众对图书的需求。

2. 加强管理是前提

要重视农家书屋的建设和管理。不加强农家书屋的管理，就会形成建时一阵风、建后无人问的状况，久而久之，建成了的农家书屋这个阵地就会丢失。一是要配好经过培训的农家书屋管理人员，使之具备相应的业务素质、业务能力，采取“以钱养事”的模式，政府买单，一个农家书屋选聘一名管理员，以合同方式加强对管理员的管理；二是要建立滚动管理机制，对已验收合格的农家书屋，以区级文化部门为主，实行一个年度一考核的方式加强管理，对合格的继续加大扶持力度，并按一定比例给予书籍、报刊等方面的奖励。

3. 完善功能是方向

首先是农家书屋建设可与文化礼堂、乡镇文化站、科技辅导站、计划生育辅导站、农村党员远程教育点等相结合，充分利用它们的现代化设备及网络设施为农民阅读服务，补充自身功能不足。其次是依托农家书屋开展各类有益的形式多

样的农民读书活动，诸如开展新型农民读书征文、知识讲座、学习辅导、科技培训、展览宣传等各类丰富的社会文化活动，营造出浓郁的读书氛围，吸引农民走进农家书屋。这一方面可以扩大农家书屋的影响，加强农民群众的阅读技巧和理解能力，培养其阅读兴趣和陶冶情操，感受快乐；另一方面让农民群众广泛地接受新信息，开拓视野，增长科技知识和生产技能，使传统的经营方式和生活观念逐步得以改善和更新，引导他们崇尚科学，抵制迷信，移风易俗，破除陋习，树立先进的思想观念和良好的道德风尚，养成科学健康的生活习惯。

4. 政府重视是关键

政府要发挥领导协调作用，一要加强区级的领导小组建设，加大工作执行力度；二要加大财政投入，列入财政预算，落实配套资金；三要协调社会力量输血农家书屋，包括资金和资源、设备等，推动农家书屋又好又快地发展。

“Reading and more”（多读书）、“读书是世界上门槛最低的高贵举动”“恋爱的季节，与您相约图书馆”“女人‘悦’读越美丽”，这样一句句启发性的标题有一天爬上图书馆的幕墙也许不太稀奇，但是定期更换这些启发性的标语是萧山图书馆一直在坚持做的一件实事。

每次行驶在市心中路上，我总是会不经意地朝萧山图书馆的方向望去，因为我发现它幕墙上总会出现让我会心一笑的字句，这些字句在我看来是一种润物细无声的分享。

阅读，润物细无声

◎ 萧山日报社　杨颖

我为什么要提起图书馆幕墙上的标语？

因为标语一般不受关注，而且众人都会认为标语时代早已过时了，对它的印象用“传统”两字可以概括。但是这次我提起了，就代表它一定有独特的地方。

标语有没有效果，就要看想出标语文字的人有没有文字创意。同样是传统的东西，也可以用巧妙的文字组成一种有意义或者说有创意的标语。至少市心中路上的标语我是已经在关注了，这就是一种影响力。

谁说影响力就一定要轰轰烈烈？这标语就文文静静地在那里接受关注，而且某一句有意义有启发性的话会成为很多人心目中的座右铭也说不定。

接下来，言归正传来说阅读这件事儿。

小时候的课本里有一句话让我记忆犹新：书中自有黄金屋，书中自有颜如玉。那时候的我只知道先背下来，哪里真正彻晓这其中的含义。

此诗句出自宋真宗赵恒的《励学篇》。赵匡胤以陈桥兵变开启大宋皇朝，这却使他心生警惕，于是制定了一个重要的国策，贬抑武人参政，建立一个士大夫政治制度，全国地方长官一律任用文臣。当时要普遍启用那么多文臣，而宋承五代长期的战乱，一般人都不喜欢读书，书读得好的就更少，所以朝廷为实行既定国策，就必须一方面广开读书人登仕的途径，一方面竭力提倡读书的风气。宋真宗赵恒御笔亲作《励学篇》，传布天下，这篇短短的文章激励了天下士子几近千年。

这就总结为：知识改变命运。

这是对美好生活的一种追求，希望大家认真读书，通过知识的力量获得的东西才是真实的，才真正属于自己。

其实在我身边有很多真实的例子，让你感受阅读有那种神奇的魔力。

S女，曾经认为自己成家生子已经是很幸福的事情了，但偶然间看到一则微博提到了一本书——《侣行》，便萌发与爱人一起每年共同旅行的念头，并毅然决然地付诸行动。她利用自己人生中几十分之一的时间，好好计划每一年的假期，把想去的地方在世界地图上悄悄地标上记号。

与S女有相同计划的张氏夫妻，每一年安排好工作之后都会挤出时间，带上家人孩子“周游列国”，他们最喜欢的事情就是阅读与领略。不管是生活中还是在旅途中，书不离手。从书中了解目的地那些不可错过的餐厅与博物馆，也从旅途中获取书中不曾有的感触与见闻，就如张先生十年前在巴黎凯旋门前留影的那张相片一样，虽然相隔十年，与相片中的人相比容颜已老，可意识与阅历却不再那么单薄。张氏夫妇随手把见闻分享多了，也就可以成就一本书，但内心的收获与感悟，我想一定很殷实，几十页的书不一定能完全诠释的了吧。

一本书能带动一种生活态度，也能给你一种完全不同的思想意识。

G男，高考时发挥得不太理想，考虑到家里的情况，决定先上班，可在他叔叔眼里，知识是一切的基础，知识就是那盏指路的明灯。于是他叔叔力荐他再去上一年高复班，劝他爸再给他一次机会。结局皆大欢喜，G男考上了大学，毕业后再服务于农村基层，在乡里一点点积累经验，为民服务。就这样，他成为了一名称职的人民公仆。

G男是一位典型代表，代表着知识改变命运。

再说说我自己，因为文字的魅惑力，我经常关注一些杂志。只要对自己有用，我总会用心地剪下来，贴在自己喜欢的本子上。看得多了，剪得多了，贴得多了，素材自然多。

倘若自己在图书馆的杂志阅览室时，便不能这么随心所欲地想剪就剪、想撕就撕，那么身边常带的纸和笔，就一定能派上用场，把喜欢的字句、有创意的标题、推荐的书目一并记录下来，回去在网上搜搜书目，装满自己的书柜。

我想说，阅读能丰富我的个人财富。

新湾支馆——正是萌芽初长成

◎ 新湾支馆　王关校

暑假期间，早上七点多就有读者结伴在图书馆门外等待开门，他们中间有的是为了占本好书，有的是来继续看昨天没看完的章节，也有的是为了占个好位置。在阅览室经常有六七十岁的老人们悠然自得地看报，年轻妈妈抱着娃娃看图认字，青少年结伴来写作业拓展阅读的情景。新湾支馆从2009年秋开馆至今已有整整5个年头，现如今已经成为新湾人民生活娱乐中的固定选项之一。回顾以往，新湾支馆就像是一棵小树苗在不断地扎根成长。

开馆第一年："深情播种"

2009年秋，新湾支馆在萧山图书馆的指导与帮助下，在新湾街道领导的关心与支持下顺利开馆。尽管当时只是一个仅有60平方米、二三千册图书的微型馆，但开馆当天支馆举行了盛大的开馆仪式，区文广新局、总馆领导应邀到场，镇、村领导，学校教师、学生和普通民众等各个阶层的读者代表200余人参加了开馆仪式，萧山电视台、萧山日报、萧山教育信息网及萧山图书馆网等媒体均予以宣传报道。经多方努力，同年10月，《关于开展新湾街道全民读书月活动的通知》以街道办事处名义下发，并在新湾文化中心大礼堂召开有近600人参加的全民读书月启动仪式，正式向全街道人民发出了全民阅读的号召。新湾支馆在各方工作人员的努力下、各阶层读者的支持下，像一颗养分充足的种子美美地躺在土里蓄势待发。

开馆第二年："生根发芽"

新湾地处围垦沙地，当地人民有着勤劳、勇敢的美誉。但随着时代的进步，精神文化、科学技术等知识慢慢在生活中起到重要作用。图书馆作为知识的聚集地，短时间里不能留住这些埋头苦干的沙地人，有的也只停留在走马观花般的小憩。要让读者了解图书馆，改变"守株待兔"的现状，势必要进行

创新。2010年，在各级领导的支持下，新湾支馆和新湾成校联合启动“书香沙地”系列活动。首先是“书香沙地”送书下乡到村级图书室，丰富农民的科技文化信息。接着重磅推出与萧山图书总馆联姻的“湘湖讲堂走进沙地”系列活动，此活动立刻得到了各行政村、企业、学校、幼儿园等的积极响应。先后聘请了多位专家、学者举办了多场丰富多彩的讲座。有面向全街道党员的萧山区委党校副教授陈志根老师生动的党史课，有面向初中生的赵英艳老师以“快乐学习快乐行”为主题的心理健康讲座，有面向全体幼儿教师和年轻妈妈们的“幼儿教育——根的事业，花的工程”讲座，有面向英语爱好者的第八届“21世纪CASIO杯”全国中小学生英语演讲比赛浙江赛区特邀评委吴凯老师的“学好英语的方法与重要性”讲座，有面向古诗爱好者的“读千古美文，作博学少年”美文诵读比赛，有面向企业员工的以“阳光心态，美丽人生”为主题的心理健康教育等。正是这种主动出击的工作态度逐渐把“书”扎根到了新湾读者的心里。

开馆第三年：“破土而出”

如果可以通过一本好书、一项有意义的活动去倡导社会所认定的积极的价值观、人生观和行为方式，陶冶、美化人们的心灵，引导人们自觉追求真、善、美，进而推进学习型街道建设和“书香沙地”建设，这无疑是一件以小见大的利民之举。看到前几年新湾图书馆“长势”良好，2012年春，乘新湾成校搬迁新湾文化中心良机，在新湾成校和新湾支馆的再次努力下，街道办事处投入40余万元，建成了位于新湾文化中心，面积400平方米，集休息室、藏书室、阅览室、自修室、电子阅览室、活动室于一体的新图书支馆，并全部安装空调，新建洗手间和读者停车棚，增加专职图书管理员一人。为方便读者，还特别开设无人还书窗口。一个舒适、整洁的小小图书馆已呈现在读者面前，成为新湾老百姓想来的文化场所。2012年新年伊始，新湾支馆又一阅读品牌项目——“读本好书，过个新年”全民读书活动，面向全街道读者盛大启动，每年春节前后，向全街道居民发出读书邀请，参与者来新湾支馆借读一两本好书，并撰写读书征文，过一个有意义的春节。近三年来，此项活动已吸引2 000余名读者踊跃参与，并上交读书征文600余篇，发放读书奖励近6万元。这极大地丰富了新湾人民节日精神文化生活。

开馆第四年："初长新叶"

要想做好一件事并不难，难的是一如既往地做好同一件事。每年的"世界读书日"，都会被新湾支馆当作一个良好的推广契机，举办一些大型的活动，尽可能让新读者参与进来。早在2011年4月20日，成校广场搭起大型舞台，彩旗飘扬，人山人海，新湾街道第16个世界读书日主题活动隆重举行。主要活动有：新湾街道"读本好书，过个新年"读书征文颁奖仪式，"让阅读融入生活，让思考丰富人生"签字仪式，世界读书日图板展，萧山新湾书店新书推介及展销，"品味书香 分享经典"朗读会等。当天吸引全街道干部群众、学生共500余人参与。2014年4月20日，新湾支馆积极配合萧山总馆，来到学校热热闹闹地举办了一场"传承民族文化，领略汉字之美"听写大赛，新湾的小朋友们不仅欢度了一个难忘的"世界读书日"，更从中了解了我们每天接触的汉字的博大精深。再如2013年，"我爱背诗词大比拼"等活动无不吸引着新湾群众的视线，新湾支馆也进入到越来越多的人的眼里。

开馆第五年："花枝招展"

时至第五年，新湾支馆在新湾的知晓率已经在98%以上。前来的读者也从早期的一些偶尔光顾的师生，发展到现如今休闲看报的老人、忙里偷闲的职工、兴味盎然的青年，甚至咿呀学语的婴儿。上座时间也从原来的"小憩"延长到了小时，泡杯清茶品味书香的情景是再简单不过的惬意。这些变化是与新湾支馆坚持"以读者呼声为第一信号，以读者满意为第一标准，以读者利益为第一追求"的服务理念分不开的。为让读者有一个舒适安静的阅读环境，新湾支馆充分利用资源，不仅在开放时间上实行与总馆同步，一周六天白天全天开放，周三、五、六晚上开放两小时，还与总馆同步开设预约借书服务，免费提供茶水，开放冷暖空调；同时还加强对图书馆工作人员的职业道德教育和业务素质教育，做到微笑服务、热情接待，使读者感受到图书馆不仅仅可以获得知识，还是一个精神娱乐的好去处。新湾支馆累计办借书卡4 000余张，接待读者99 900人次，借还图书276 205册，人均一年读书2.5册。新湾支馆工作也得到上级领导的充分肯定，连续几年被评为杭州市优秀基层服务点并在萧山图书馆年会作典型发言。

展望今后："再展新枝"

针对飞速发展的网络媒体时代，新湾支馆与时俱进，计划新建支馆网站专栏，并且开通微信平台。开辟微信平台，一方面可自动导航至新湾支馆，既方便外来务工人员认识新湾也增加了图书馆的知晓率；另一方面还可帮助读者通过微信了解新湾支馆最近的新书，使读者更及时便捷地借阅到自己喜欢的书籍。

种下的树需要精心地浇灌与培育，新湾支馆正像树苗一样在工作人员的细心呵护下为用文化引领百姓生活，让书香溢满新湾沙地，让新湾人民爱上读书而茁壮成长！

农家书屋，改变从这里开始

◎ 南阳街道　张肖乐

在车水马龙、钢筋水泥丛林中生活的都市人现在每逢假日都会向乡村进发，田园之乐是现代城市人的心之所向，由此引发了乡村游、农家乐的热潮。作为现代城市文明的享受者，回归田园与大自然亲密接触无疑是最好的调剂。

然而，在广大农村生活的人们呢？尽管农民的物质生活水平有了很大提升，但精神生活的品质与城市人口相比还有较大的差距。在乡镇工作十余年，和淳朴勤劳的农民接触久了，我深切感受到了他们对精神生活的迫切需求。一台广场演出、一场露天电影往往都会引得乡亲们呼亲唤友、兴高采烈前去观赏，因为他们的文化生活选择太少了。

作为基层文化工作者，我们能为父老乡亲们做些什么呢？农家书屋无疑是一个重要的抓手。书籍承载着人类的文明、文化的传承，任何一个民族、一个国家、一个地区的人们要生存发展，首先必须有记载文明的书籍。在历史上，许多政治家在取得胜利的第一时间就要保护书籍典章不遭战火焚毁。如今在实现中华民族伟大复兴的关键期，实现人口素质的全面提升迫在眉睫，而遍及广大农村的农家书屋的建立正是一个有效载体和途径。

以南阳为例，自从实现了全覆盖农家书屋，人们的生存状态逐渐发生了变化。

一、村干部的实事

过去评价一个村的带头人，往往看他能不能带领全村百姓发家致富，现在却已远远不够了。随着社会经济的发展，精神生活的贫乏并不是物质富裕所能掩盖的。农村社会的粗俗陋习、封建迷信活动，甚至赌博、斗殴现象时有发生。小小的农家书屋如一缕清新的微风，吹散了乡村中的浊气，将文明之光在乡村点亮。尽管这种变化很小，但却坚定而持久。许多村干部在和我沟通时都说了他们对农家书屋的看法。他们都认为建立农家书屋对于村里来说投入并不大，书籍上边有

配送，村里只需要落实好场地和配套设施，但群众的口碑却很好。而且在书屋里，往常大嗓门的村民都会自觉地压低声音说话，显然书屋中的文翰之气、文明环境潜移默化地改变着大家的行为。这样投入小、效果佳、群众认可度高的实事村里当然要做实做好！

二、老年人的伙伴

现如今，中国已进入老龄化社会，生活条件的改善使人口平均寿命不断增长，农村也是这种情况。目前，如何使农村老人老有所乐是政府非常重视的工作之一。在南阳，尽管每个村（社区）都建有老年活动中心或老年活动室，健身设备、棋牌室、老年排舞队、太极健身队等也为老年人提供了娱乐、锻炼的条件，但总觉得少点什么。直到农家书屋办起来后，人们才顿悟老有所学也很重要。老年人是农家书屋的主要服务对象之一。他们对时事的关心，对知识的渴求，对阅读的热爱，一点也不比年轻人少，相比现在年轻人喜爱的网络阅读，纸质书更符合老年人的阅读习惯。在农家书屋里，老人阅读的样子安详而又从容。许多老人是这里的常客，农家书屋成为他们必不可少的忠实伙伴，可以说农家书屋正改变着他们的生活轨迹，文化的力量正润泽着他们晚年的生活。

三、孩子们的乐园

书屋更是孩子们的乐园，寒暑假、节假日里，农家书屋都穿行着大大小小的孩子。南阳赭东村专职宣传文化员陈婉美对此感触最深："过去，一放暑假孩子就放了羊，家长白天要工作，家里老人也管不住他们。农家书屋有空调，有专门的阅览室，环境好，孩子们爱来，有的还把作业带过来做，家长放心多了。"村里为了使孩子们的假期过得安全而有意义，在农家书屋中办讲座、征文比赛、演讲比赛，丰富多彩的活动和海量的书籍深深地吸引着孩子们。他们说：城里的孩子可以去图书馆，我们也有自己的乐园——农家书屋。

四、年轻人的益友

书屋不但受老年人和孩子欢迎，许多年轻人也乐此不疲。许多村民在书屋中

会有新的收获和惊喜：家庭主妇会不时找到烹饪或时装的书籍，种粮大户也许能发现一两本种养科技书籍；还有装修的、医疗养生的、种花养草的生活百科在农家书屋中都会有所涉及；更不要说那些文学爱好者了，古今中外文学大餐，总有一款合他们的胃口。有位村民感慨地说：看书总比打扑克、麻将好。以前是没得选择，现在有了农家书屋，业余时间过得更有意思。

农家书屋对广大农村在文化建设、人员素质提升中的作用正逐步体现。我们应该做的却还有很多，相比西方发达国家，我们在图书的人均拥有量，图书馆的数量、投入、服务上还有很大差距。有的地方，农家书屋建起来了却只是个摆设，没有真正起到服务群众的作用。我想只要我们文化工作者用执着的信念、真诚的服务、扎实的工作去推动农家书屋的建设，这项功在当代、利在千秋的事业一定会真正为新农村建设、为实现中华民族伟大复兴的中国梦起到自己应有的作用！

助村以书，授人以渔

◎ 杭州市萧山图书馆　龚国祥

家，意味着爸爸脚踏车的后座、妈妈厨房里的香味和邻居阿婆的一声“你回来啦”。它不仅是属于身体的味觉、触感，更是放松、满足、信赖等精神感知的交融。有人说，哪里有亲人，哪里才有家——可翁承瓒曾书：“过客不须频问姓，读书声里是吾家。”这种超然的态度不禁让我想到南非前总统曼德拉，在长达27年的牢狱生活中，陪伴他的仅有书而已，他在书里找信念、炼意志；而钱钟书曾经相濡以沫的伴侣，如今独留“人生边上”的杨绛先生，也选择与嗜爱一辈子的书共度余生。以书为家，实际是一种寄托，只关心灵。

如果说，天上的星星能指引夜晚行走的人，那么，播撒在萧山城乡各地的500余家图书支分馆，无疑就是赏心悦目的地方，而书则是启迪人的智慧、修身养性的桥梁。

萧山文化强区的建设，文化之风带着书香弥漫在萧山的村村落落，给这座经济飞速发展的小城提供了精神的滋润。这种滋润溢上脸庞，就应了那句“满腹诗书气自华”。这种感觉，我们也可以从一位农家书屋的管理员身上看到，了解她的成长经历，分享她的快乐。

云峰村地处义桥镇西南隅，临近富阳地界，离萧山图书馆也就一个小时的车程。那天去调研，一下车，云峰村文化员小来就蹦到我身旁，像见到了老朋友，热情地唤道：“欢迎领导！”我受宠若惊，不敢应答。小来也不理会，自顾接上自己的话头，兴奋地介绍起他们村的图书屋来。

听小来的口音，再加上来姓，联想到赫赫有名的来新夏先生，我想她应该算是正宗的萧山人。果然如此，她一边领我往村里的书屋走，一边滔滔不绝地介绍他们村、她的图书屋，还不忘顺带介绍她自己：“我是长河嫁过来的，你猜我现在几岁？”说到这里，我不禁细细打量起小来，偏黑的皮肤，穿着鲜艳的、有些过时的上衣，睁大着眼睛期待着答案。“我猜四十岁。”“哈哈！”小来爽朗地笑起来，“差不多，以前我身体不太好，自从村里成立了文化站，建起了图书屋，我开始活络起

来，身体好了许多，精神了！”的确，小来不算漂亮，但却活泼、向上，倒有一种城里女人没有的风采。

远远看到云峰村的书屋，我有些失望，它实在不太起眼了。一座与村民住房无异的建筑，书屋占了其中一个大间，朴实得很。小来猜到我的心思，鼓励我“进去看看”。推门而入，是另一番风景。窗台上摆着几盆清新植物，一看就被人悉心照料，散发着淡淡的花香，我的精神立马就提了起来。映入眼帘的是：沿墙而立三排书架，中间则是阅览室常见的四张长桌，当然还有放置电脑的服务台，留白的墙上贴着几幅图书宣传标语，很是到位。我转头夸奖小来装饰得好，她这时倒有些难为情，说“每天在这待上几个小时，跟在家里一样，收拾得好，看着舒服。”我突然有些触动，发自内心地对她说：“这样真好。”

午后时光，小来给我倒了杯茶，书屋窗户朝南，阳光洒在阅览桌上。村里很静，年轻人都出门工作去了，阅览室里没有读者。我问小来，工作日的白天如果都这样，不是很寂寞吗？她告诉我说，村里刚建立书屋的时候，连周末和晚上都不太有人来，她就天天跑出去宣传，村里大家彼此熟识，就说过来看看，渐渐人才多起来。“爱来的还是年轻人，读的书以小说为主；小孩子，最喜欢看漫画、故事书；年纪大的，喜欢看传记、保健书。太深奥的我们农民不爱看。”说到这里，小来又不好意思起来，我却羞愧了。在区总馆的时候，面对读者热榜上永远是那几本小说题材的畅销书，我清高过，也鄙夷过。现在才懂，我实在不够脚踏实地，没有了解不同读者的不同需求。

教育资源的不均衡导致了农村与城市的知识鸿沟，建立农家书屋，就是要循序渐进地将看书、阅读这种习惯带入农村。书是一种资源，那书屋就是一个平台；教人看书是“赠人以鱼”，教人常来书屋，培养阅读习惯，形成独立思考的习惯，才能真正达到“农家书屋”工程“授人以渔”的目的。

与小来的聊天中，我看得出，她很享受这份职业，并有自己的思考。“现在农村生活水平提高了，我们的图书屋不能局限于传统的借借还还，还要在拼服务上做功课，把村民吸引过来，比如我们的读书活动和排舞比赛等。”她的语速很快，对书屋的工作了如指掌。这应该源于她的敬业精神，我想。

“暑假快到了，书屋安装了空调，很多放了暑假的小孩子就喜欢过来看书做作业。”小来欣慰地说道：“我们家孩子也爱来。”我环顾四周，闭目想象那样的场景：朴实天真的脸庞、渴求知识的眼神，还有一旁微笑地看着孩子们的小来。

画面美好得令人心醉。

我期待着这样一天：我们甩掉智能手机，离开闪烁的电脑屏幕，翻开书架上或许是沾满灰尘的书，获得心灵的归宿。“欲穷千里目，更上一层楼”，人生这座需要不断攀登的高山，是综合的、全方位的，它不在于一次考试的高分，也绝非一次职场的高升，丈量的是眼界、胸怀、格局。这个“高”是“唯有读书高”中的“高”。农家书屋愿做这块垫脚石，托起萧山坚实的文化之碑。

高远的理想、精深的学术、恬美的心境，这三者之间的融合统一，体现了身与心、做人与做事的和谐发展。小来说，云峰村书屋是她的家。我说，农家书屋是我们所有村民的家——那里没有爸爸的脚踏车，但有同样的那份踏实感；那里没有妈妈的红烧肉，但有同样美味的知识盛宴；那里没有邻居阿婆的亲切问候，却有同道人的理解与默契，见面时说一声：“欢迎回家！”

基层文化推广体会与心得

◎ 杭州市萧山图书馆　李关春

2008年7月，萧山区公共图书共享连锁体系“4341”工程正式启动。该体系的总体目标是全力建设与城市发展相适应、相配套的公共图书服务体系，初步形成以萧山图书馆为总馆，镇（街道）图书馆为支馆，村（社区）图书馆为分馆，图书流通车为补充的地区图书馆服务网群。实现图书资源在全区范围内“通借通还，资源共享”，“一证在手，借遍萧山”。如此好的政策，真是为民着想，让我心里暖暖的。想着从此以后农村的孩子再也不用为了借书、看书而发愁，在家门口就能享受“悦读”的快乐，我建图书分馆的信心高涨了许多。但全区500多个村镇，同时要建立起图书室，我的能力够强大吗？我能担当此重任吗？我思绪万千……

说干就干！在部队的几年里，我养成了一个终身受用的好习惯：脚踏实地。要建好一个图书馆，场地的选择十分重要。于是，我时常下乡到各个村委会、村活动中心勘察场地。当时，村里的领导并没有意识到建图书室的重要性，也不懂怎样建设图书室。当他们听说只要腾出一间明亮的小房间就能建起一个图书室时，都惊讶了。得知图书全部由萧山图书馆提供后，他们对建立图书室也充满了信心，与我们一起规划与布置书屋场地，为书屋建设出谋划策。

一个村、社区分馆的建设基本步骤分为上门勘察场地，添置设备（书架、阅览桌椅、电脑、标识牌），开通网络，制定规章制度，指定分馆管理人员等。为了让分馆有个科学合理的场地，我三天两头走村串巷，熟悉各镇乡实际情况。某些村还是有图书室的，但都是同谈心室、B超室甚至办公室等合用的。书籍多的有一两个书柜，书籍少的书架只是镶嵌在墙壁里的方格子，有图书100来册，发黄了

的书上还披着一层薄薄的灰尘，多是一些陈旧的武侠小说和计划生育专栏书……一看就是没有人打理，更谈不上流通借阅了。

听说要建图书分馆，村里几位老者就围过来打听并质疑：是不是要卖书给村里啊？借书怎么收取费用？某某村已经建了分馆了？哦，还可以此借彼还？……一系列的问题让我听了心里哽哽的。感觉太多的村民对公共图书馆的功能一点都不清楚。不了解，他们怎么会踏进图书馆大门呢？那一刻起，我突然觉得自己的使命很重大，一定要以全区建支分馆、书屋为契机，极力推广、宣传公共图书馆各项功能及服务，让萧山的每个居民都能享受读书的便利，并走进图书馆……

作为主要负责这项工作的分支馆建设事务部负责人，我首先要下乡和每个村委会领导交流沟通，讲解分馆的功能和要求，指定落实好场地，再从测量场地、设计分馆布局开始；回馆后又忙着统一调拨图书、期刊、电脑、音像制品；最后分别打包运送。在送书下乡之前，还要了解村、社区的馆舍是否已经按照图书馆的基本要求建成，然后我们工作人员根据反馈信息对每个村、社区进行合理的图书调拨与配置，再打包处理，每个包统一数量为40册。

当时分馆建设工作人员少，工作量大。我既是学会服务中心的主任，还担任送书时的驾驶员。这时有人提出疑问：“你一个部队转业回来的副营级‘军官’，还是中心主任，怎么又当司机，还要搬书？干吗要这么辛苦？”听到这样的话，我当时心里似乎有点酸酸的，但也只是一闪而过。虽然送书是很累的活，但是为了推广宣传公共图书馆，为了让农村居民早点拥有图书分馆，使当地村民看书难、借书难的问题及时解决，我付出的这点辛苦算什么？我是图书馆的工作人员，传播文化是我的责任。特别是当我们把书送到村镇分馆，村干部和当地百姓用真诚的语言和信任的眼光感谢我们时，所有的辛劳都变成了欣慰。

随着分馆、书屋越建越多，我们的管理员队伍也在日益壮大。全区481个行政村和转制社区宣传文化员（兼职书屋管理）于2012年1月份全面上岗。为了更好地利用起这支队伍，发挥他们的作用，加强交流与合作，使他们能够切实承担起图书管理员职责，我利用各种机会努力学习，不断提高自己的业务水平，掌握工作的本领。我还带着本中心成员制定了专门针对农家书屋管理员的培训办法，对他们分片分批进行岗前培训。几年下来，共举办大大小小的培训40多次，培训学员800多人。采用集中培训和以镇街为单位下乡培训的方式，对书屋的图书排架、Interlib操作系统和共享工程使用以及如何利用活动带动工作和服务态度等

方面，进行有效指导与讲解。虽然管理员文化水平参差不齐，但我们因材施教，下乡培训时手把手地教，不厌其烦一遍又一遍地讲解，力争让每个管理员的业务都能过关。通过理论学习和实际操作，提升了管理员的素质，增强了他们图书借阅、读者管理、活动开展等业务技能，保证了整体服务水平。

在上级部门的正确领导、乡镇文化干部的大力配合和我们学会工作人员的共同努力下，一个个支馆和书屋以藏书量不少于1 660册、报刊不少于30种、阅览座位不少于10个、计算机不少于1台的崭新面貌展现在大家面前，图书支馆和农家书屋已遍及全区各个角落。

几年来的实践证明，书屋和支馆的建立不但满足了村民的精神文化需求，而且还激起了大家的求知欲望，书屋已成为农民耕作之余交流和学习知识的好地方。在寒暑假期间，家长纷纷送子女到农家书屋来查阅资料做作业，这里已成为学生的第二课堂。同时，各村以农家书屋为平台，组织中小学生在假期里开办假日学校，聘请专业老师举办《三字经》《弟子规》及人生安全方面的讲座；开办“春泥”计划培训班，组织未成年人开展讲村史、讲传统教育等活动；还利用夏天冷气开放书屋人气旺的时机，开设了村民美德档案上墙活动，公开表扬村民的社会公德、职业道德、家庭美德、个人品德，弘扬了社会正气，讴歌了人间美德。农家书屋和分馆真正成为惠民书屋、活力书屋。

经过几年的努力，分馆取得的成绩是显著的，图书借还量节节攀升，下表是经过系统统计后每年的图书借还量和人次。

时间	建支馆数量/个	建分馆数量/书屋	借还图书/册	同比上年	借还人数/次	同比上年
2009	10	184	137 391	—	67 098	—
2010	19	342	341 849	+148%	82 571	+23%
2011	29	521	424 354	+24%	116 504	+41%
2012	29	521	503 809	+19%	115 442	-0.9%
2013	29	535	577 312	+15%	128 784	+12%

目前，图书支、分馆与农家书屋的功能早已不局限于图书借阅服务，它们是当地的文化信息资源共享工程基层服务点、政府信息公开基层查询点，更是当地开展宣讲活动、培训教育的重要阵地。依托全区公共图书馆服务连锁体系，各农家书屋建立起了统一的文献检索平台、数字资源服务平台，并通过免费办证、免费借阅、免费查询、图书异地借还等手段做到文献借阅“一卡通”，真正实现

"一证在手，借遍萧山"，实现了公共文化服务城乡一体化，从而提高了全区人民的文化素质，促进了全区经济和社会的发展。

作为文化事业的推广人，自己做的每一件事，都要尽心尽力做好。同时，还要克服华而不实、飘浮虚荣的工作作风，做老实人，办老实事，为推进图书馆事业贡献自己的力量。

农家书屋建设的实践与思考

——以临浦镇通二村为例

◎ 杭州市萧山图书馆　沈素琴

为了进一步健全公共文化共享服务体系，保障公民的基本文化权益，根据党中央要求，结合萧山实际，我区提出了文化名区建设的总目标，着手建设全区公共图书馆服务连锁体系，大力实施农家书屋建设工程。在农村经济社会转型的关键时期，农家书屋建设是机遇与挑战并存，如何因地制宜，整合资源，发挥优势，为村民服务，为农村经济社会发展服务，已成为当前农家书屋发展建设的重要课题。建好农家书屋不易，如何建立健全长效的管理体制和机制，管好用好农家书屋，则是我们必须面对和思考的问题。

一、农家书屋建设的基本情况

农家书屋是为了满足农民文化需要，在行政村建立的、由农民自己管理的、能提供农民实用图书、报刊和音像电子产品阅读视听条件的公益性文化服务设施。农家书屋的建设与发展是保障人民群众基本文化权益的重要举措，是促进农村经济、社会、文化和谐发展的有效载体，是建设社会主义新农村的重要内容，是党中央、国务院确定实施的一项公共文化惠民工程，也是区委、区政府为民办的一项实事工程。

萧山区农家书屋建设始于2008年8月，当年就建成首批试点52个，至2010年年底全区累计建成481个，实现全区行政村的全覆盖。至今，已基本建成了与农村发展相适应、与农民需求相匹配的农家书屋，初步形成了以萧山图书馆为总馆、镇（街道）图书馆为支馆、村（社区）农家书屋为分馆、图书流通车为补充的区域图书服务网群，实现图书资源在全区乃至全市范围内“通借通还，资源共享”“一证在手，借遍萧山”的目标。

其中，临浦镇通二村于2009年12月正式建成标准化农家书屋，书屋建筑面积500多平方米，设有文化礼堂、图书阅览区、电子阅览区、居民生活展区等，实现了与杭州全市图书馆系统联网，在全市范围内所有图书馆系统的图书都可以通借通还、资源共享。该农家书屋现配备专职图书管理员1名，拥有藏书12 000多册，受益群众近5 000人。农家书屋作为农村公共文化服务体系的新型平台，正逐步成为农民读书学习、陶冶情操的精神乐园和科技致富、学法普法的重要阵地，受到了广大农民群众和农村学生的热烈欢迎。

二、农家书屋建设的举措及实践

近年来，我区积极推进农家书屋建设，拓宽工作思路，探索工作载体，不断加大基层文化建设力度，用健康有益的文化占领农村思想文化阵地，丰富农民群众文化生活，提高农民素质，以科学、规范的管理模式推进全区农家书屋的规范建设。下面以临浦镇通二村农家书屋建设为例予以说明。

1. 构建了立体网络

各级各部门、各单位以农家书屋建设为桥梁和纽带，构建了立体管理网络，加强了上下联动，促进了左右互动，戮力同心、合力推进，使农家书屋有序高效运转。如在临浦镇通二村农家书屋建设管理中，区文广新局等区级有关部门负责农家书屋建设的规划、监管和考核，临浦镇通二村主要提供农家书屋建设所需的馆舍、供电、网络、电脑、书柜、桌椅等基础设施及其日常修缮、维护、更新与管理，萧山图书馆负责图书的定期更换、日常的业务指导等。

2. 强化了培训指导

萧山图书馆加强了对农家书屋管理员的培训、指导。通过举办专题培训班，对全区农家书屋管理员进行了集中培训，包括图书管理、图书借阅、图书归还、图书维护、书目推荐、图书申请、借阅记录、活动组织、运行流程、规章制度等一系列内容。还通过上门服务，进行一对一、面对面、手把手的指导，使每位管

理员很快熟悉了业务，明确了职责，提升了服务水平。

3. 明确了工作职责

在农家书屋建设、管理中，明确了村级属地为主的模式。通二村十分重视农家书屋建设，专门成立了实施农家书屋工程领导小组，村委书记任组长，牵头抓总；村宣传委员分管负责，常抓常管；村宣传文化员具体负责、落实到位。还明确了农家书屋管理员的职责，主要负责图书的借阅归还、日常的运行管理与各类文化活的动组织实施等，使农家书屋建设工作件件有人做、事事有人管、人人有事干，杜绝了推诿扯皮，提高了工作效率。

4. 注重了制度建设

为了把农家书屋打造成乡风文明、经济发展、社会和谐的主平台，建设成村民“充电加油”、邻里和睦、生活富裕的好帮手，造就成孩子学习交流、团结互助、休闲娱乐的好去处，区村两级十分重视农家书屋制度建设，推行农家书屋规范化管理。萧山图书馆制定了农家书屋管理制度、借阅登记制度、财产管理制度等，明确了图书管理员的工作职责、基本义务，农家书屋的开放时间、服务内容，读者的借阅权利及对图书资料、音像制品等的保护义务。

5. 丰富了文化生活

通二村以农家书屋为平台，组织开展了丰富多彩、形式多样的文化活动，为农村带来了浓郁的书香气息，为农民带来了丰富的精神食粮，农家书屋弘扬了正能量，倡导了文明新风。通二村农家书屋经常利用双休日、节假日，组织小学生等少年儿童在农家书屋观看爱国主义教育影片、少年儿童节目，阅读优秀少儿读物；组织初、高中学生举办读书会，使广大农村学生在节假日有地可去，有书可读。农闲时节，组织农民到农家书屋练书法、下象棋，看故事片、科教片，组织村民开展读书活动，提升了农民文化生活品位，把农民由牌桌拉向了书桌，读书声冲淡了麻将声，丰富了农村的精神文化生活，提升了农民的精神境界，搭起了文明进步的阶梯。

二村农家书屋故事会

二村村民读书会

三、农家书屋建设存在的问题

辩证地分析，从通二村农家书屋运行的情况来看，目前农家书屋建设还是存在一些不足和问题的，主要有以下三方面。

1. 图书内容缺乏针对性

从农家书屋的图书种类来看，存在着图书种类少、数量少、内容窄、时效差等问题，现有图书已滞后于农业、农村、农民发展的步伐，不能很好地解决农业发展中出现的新情况、新趋势、新矛盾，不能很好地解决当前农村发展中涌现出的新需求、新问题、新困惑，不能很好地满足农民的新需要、新发展、新实践，也与农民的知识基础、认知水平、阅读能力、理解能力、接受能力等有一定的差距，对农村读者很难产生持久的吸引力。

2. 配置结构缺乏合理性

从农家书屋的配置标准看，图书的配置数量达到了总数的要求，而音像类、报刊类产品因为一些客观原因配置难度较大，落实比例低。配置结构存在重图书，轻音像、报刊的倾向，较少考虑当地居民的实际情况，如在本次调研中发现农民对报纸、期刊更加“情有独钟”，尤其欢迎时政新闻类、实用技术类和生活保健类期刊。

3. 书屋选址缺乏科学性

农家书屋的地理方位一般应选择在人口密集、配套较好的行政村的中心位置，具体位置一般应选择在位置醒目、停车方便、出入便利、残疾人进出无障碍的场所，为村民营造一个选址科学、环境舒适、结构合理的学习环境。就通二村农家书屋来看，书屋设在三楼，村民进出不是很方便，尤其是残障人士，组织开

展一些人数较多的群众性读书活动、文化活动时场地相对不足。

四、农家书屋建设工作的对策建议

针对农家书屋建设中存在的不足和问题，结合萧山农村文化建设的现状，在农家书屋建设中，提出以下对策和建议。

1. 要坚持服务群众

“强扭的瓜不甜”，农家书屋建设一定要遵循群众需求导向、问题导向、满意导向，建设施、搞活动、送服务都要先问一问群众，把“送”和“要”配合起来。要让群众有发言权、评价权、参与权、选择权，使农家书屋建设拥有持久的生命力。

2. 要坚持建管并重

要克服重建轻管的想法，做到建管并重。要充分发挥现有设施设备、图书报刊、音像资料等的作用，让群众借起来、读起来、看起来、想起来、写起来、动起来。要组织开展形式多样、内容丰富的各类书籍宣传推介活动、读书征文活动、心得交流活动等，让农家书屋真正成为农民的精神家园。要完善制度建设，既要建好制度，更要贯彻好制度，提高制度的执行力。

3. 要坚持特色发展

我区481个行政村的地理环境、人口结构、发展水平、地域文化差异很大，我区建成的481个农家书屋也应该“一屋一品”，各有特色。要深入挖掘地方文化，将地方文化融入到农家书屋的建设管理之中。要结合民俗开展活动，要结合春节、元宵节、端午节、中秋节等传统节日开展民俗活动。要巧妙融合保持特色，要在借鉴其他各村经验的基础上，融入本村特色，不生搬硬套，把传统文明和现代文明有机融合，从而实现与时俱进。

这里精彩纷呈

让墨香飘满农家书屋

◎ 义桥镇文化广播站　黄坚毅

义桥镇湘南村是一个充满书香味的村落，有近一千年的历史了。由于村庄是临古湘湖之南而建，所以被称为湘南村。湘南村在历史上很有些名气，在萧山也算是个出过不少读书人的村。在这里，湘南韩氏的世祖韩膺胄就是一个读书人，他也是北宋名臣韩琦的曾孙。膺胄公以爱好读书、乐善好施闻名，也造就了一代又一代的湘南韩氏后人，在当代也有大名鼎鼎的浙大校长韩桢祥、诗人韩少卿等读书人，正是这些韩姓后人的努力，使韩氏成为义桥一大望族，其读书之风至今未改。

来到湘南村农家书屋，图书管理员韩水桥接待了我们。村办的农家书屋已有些年头了。这个农家书屋以前叫村图书馆，虽然图书馆只有两间房子十多平方米，但作用不小，在当地的名气也大着呢。

十几平方米的房间，两排书柜、两套阅览桌椅、一个管理员，仅此而已。“别看这里小，但也有1 700多册图书呢。”管理员韩水桥说，“来这里借过书、看过书的人不计其数”。湘南村文化中心由一幢三层楼房和一个小院组成，里面有工会、幼儿园、健身房、乒乓球室、电视室等。村农家书屋设在二楼。

老韩打开电脑，以前他都是用《图书外借登记册》对读者借书进行登记的。

由于现在要与区里联网，所以老韩硬是学会了简单的电脑操作，他把读者借的书用电脑扫描的方式，录入了区图书馆的联网系统，这样可以与区图书馆一体化了。韩水桥对这个方法很是赞赏，他还向我们介绍了图书馆的读者："我们图书馆不但向本村村民开放，也向临近村的村民和住在村里的外来人员开放。你们看，旁边山后村的华杰已经借了50多本书，是来图书馆借书最多的人。还有祖强强、祖近近、赵春都是在村里企业上班的外来人员，也都到图书馆借过书。本村的村民就更不用说了。到了周末，人来得最多。"

"峡山、牌轩、后坛三个村合并后，我们将原来的后坛村委会房子改建成湘南村文化活动中心，农家书屋就设在这里。"村书记於贤祥介绍说。

"我们借书不用借书证，登个记就行了，什么时候看完了什么时候来还，再借也方便。"一位来借书的村民说。

图书馆管理员韩水桥今年58岁了，以前是后坛村的干部，后来村规模调整，他就到这个村图书馆当起了管理员，还兼着湘南村后坛片的外来人口管理和服务工作。别看他身兼两职，报酬也很微薄，但他对图书馆的管理却从不马虎。只要有人想借书、看书，不管是晚上还是节假日，一个电话他就会赶往图书馆。

湘南村图书馆看起来有点简单，但它开阔了村民的视野，丰富了村民的文化生活，发挥的作用可不简单。

而在云峰村，虽然农家书屋的管理员换了三任，但农家书屋始终是村里人的一块净土。几年前村办农家书屋办起来的时候，没有专职管理员，便由大学生村官金烨兼任。小金对图书是既热爱又呵护，他会把图书整理得十分整齐，摆放在小小的书屋里。一早，他便把门打开，让清新的空气进来，这样来看书的人也呼吸到了山村清新的空气，多么地富有生气。后来小金考上了公务员，他便把这个接力棒交给了刚招聘来的村文化员来大姐。做过乡村教师的来大姐也是一个对图书有很深感情的人，她觉得农家书屋不仅要开放给全村的村民，更要让这里成为学习知识、增长智慧的好去处。所以，在来大姐的精心管理下，云峰村农家书屋也成了杭州市的先进农家书屋，当她把这个牌子捧回来的时候，心里感受到的是一份沉甸甸的责任。后来，来大姐走上村干部的工作岗位，于是接力捧又传给了新来的文化员沈国华。一段时间下来，办证、打卡、借书，沈国华已熟悉了这项工作，她表示在前两任图书管理员精心打理的基础上，她一定要把云峰村这块先进农家书屋的牌子保持下去，不能让这份荣誉在自己手里丢掉，更不能让农家书

屋毁掉。虽然她的话很朴实，但我在沈国华眼里看到了自信和坦然，也感觉到了一份释然的欣慰。

在这里，我们还不能忘记山后村的农家书屋，走进山后村的农家书屋，你会感觉到有一份书香味道淡淡地飘来。漂亮的书柜、整洁的书桌、摆放整齐的各类图书，都会让你百看不厌。

山后村的图书管理员叫孔宪良，他是一个老党员。目前，他也是身兼数职，既是文化员，也是图书管理员，还是一个农贸市场管理员。虽然工作很忙，但老孔却乐此不疲。他每天早早起床，先把农贸市场打扫一新，把卖菜售鱼的村民规范安顿好后，便投入到农家书屋的管理工作中。老孔总是先烧好开水，打开书屋大门，迎接来看书或借书的村民读者。退休教师孔自强是村农家书屋的常客，他几乎是每天都要来一趟农家书屋，在这里看看书、喝喝茶，与村里的几个书迷读者朋友讨论讨论看书的心得，或者聊一聊国家大事，真的是十分舒心的事，所以农家书屋成了他的神往之地。不仅如此，孔老师还觉得应该好好利用农家书屋的资源，便提议利用农家书屋这样一个阵地，组织年轻人来看书，同时给他们讲故事，讲传统文化……这个主意得到了村领导的一致赞同。于是，在山后村的农家书屋办起了传统文化读书屋、读书兴趣班、学雷锋兴趣班、“春泥”计划暑期班等，而孔老师则是当仁不让地当起了义务教师，于是他又重新走上了讲台，给年轻人讲传统文化，给孩子们上国学课，给他们念起了《弟子规》《三字经》等。这一活动，村民都觉得很好，他们纷纷把孩子送到了村文化礼堂的农家书屋，让他们学学中华民族的传统文化，这对他们心灵的成长是十分有益的。

义桥镇对全镇农家书屋的建设和发展十分重视，可以说是全区投入最大的镇街。在2012年，镇党委政府把全镇创建农家书屋全覆盖作为镇里的十件实事写入了镇人代会的报告，并作为一件督办工作来实施。出台了优惠政策措施，凡是村级农家书屋达到区级标准，每个村奖励5万元。而更令人称道的是为使各村的农家书屋工作真正落到实处，镇领导想出了一个好法子，在对各村的农家书屋建设情况进行调查后，对书屋建设中还缺少的书柜、书桌、书椅以及电脑、家具等硬件设施进行了统计，并交由镇招投标办公室进行公开统一招标。考虑到农家书屋暑假期间小读者较多的情况，每个村的农家书屋都配备了空调等设施，从而使全镇各村的农家书屋环境得到优化，让村民读书舒服舒心，享受读书的快乐，真正成

为村民读者向往的好去处。

农家书屋的书香飘满了整个农村，也浸润了农村的广大读者群。

五月的阳光

◎ 杭州市萧山图书馆　戴琳超

五月预示着草长莺飞的春天的结束，同时也预示着万物葱茏的夏天的开始。在这春夏之交，我们怀着期待的心情从萧山图书馆出发，向着此行第一站瓜沥横埂头村农家书屋前进。

到了目的地，农家书屋的主要负责人沈老师正在一楼等我们，另一个负责人小张老师则在农家书屋里。农家书屋在文化中心的二楼，沈老师领着我们到了书屋门口，我一下子就被书屋里面的温馨和整洁有序征服了。

一进门首先看到的是正对着门的服务台及墙上贴着的醒目大字“让我们在图书馆里成长”。服务台两旁窗户上的窗帘没有拉上，阳光从窗外照射进来，使得书屋内格外亮堂。左边窗户下是一排小书架，上面放着一些孩子们喜欢的故事书。在小书架前的地上铺了一张毯子，沈老师说这是特地为孩子们铺的，方便孩子们坐在那里找书看书。阳光透过窗户照射在毯子上，我仿佛看见孩子们沐浴在阳光中，舒舒服服地坐在毯子上翻看着喜爱的书籍，心里蓦然感觉柔柔的、软软的。左边角落里放着一台立式空调，沈老师说，自从农家书屋里有了空调等设备，改善了读书环境，炎热的夏天和寒冷的冬天也有读者来这边看书了。空调左边，贴墙放了一排书架，书架前的空地上则放了一些富有童趣的小圆桌和小圆凳。

门右边靠墙放着一些方木桌和木椅子，门正对着的墙的右半边，靠墙放着几个书架，上面整整齐齐地放满了各类书籍。在方木桌和书架之间是一条供读者行走的过道，过道底部靠墙放着一个架子，上面放满了报刊，却不显一丝凌乱。

书屋星期二至星期日全天候开放，沈老师说因为考虑到这边晚上基本没有人来看书的实际情况，晚上是17:00关门的。但是又担心有些读者可能晚上会来还

书，小张老师便把她的联系电话贴在门上，因为她就住在文化中心附近，读者一个电话她就能很快从家里赶过来，使特地来还书的读者们不会白跑一趟。

到农家书屋中来看书的以老人和孩子居多，沈老师和小张老师考虑到地面铺的是地砖，比较滑，碰上下雨天，老人、孩子走动不安全，尤其是上厕所时要走过沾满雨水的走廊，要是不小心滑倒了可怎么办呢？最终沈老师和小张老师想出了一个办法，就是在门口铺上地毯，一直铺到厕所门口，这样就不用担心有人会滑倒了。到了天晴的时候，再把毯子晒干，以备下次下雨天再用。

因为这里小孩子来得比较多，时间久了，小张老师对这些孩子也比较了解，有时候小张老师便会让几个比较活泼的小朋友给大家讲故事。稚嫩的声音、富有童真的故事往往会让人会心一笑，给予赞扬。而小朋友们通过这种方式获得了肯定与表扬，也更加乐意参加类似的活动。

不过，你别因此以为这里吵闹而不适合看书，这里的看书氛围可不会因此而有所改变。

沈老师的女儿打算考教师资格，在她考试之前就一直来农家书屋看书，沈老师便问她的女儿为什么要到这里看书，在家里看不是更加方便？女儿对沈老师说，因为书屋里的氛围好，能让人静下心来看书，在书屋里看书效率更高。

参观了横埂头村的农家书屋后，我们驶向下一站渭水桥农家书屋。

渭水桥农家书屋在渭水桥文化中心的二楼，它的负责人是翁老师。翁老师告诉我们，2008年10月，随着渭水桥村村级文化中心的落成，渭水桥村村级图书馆也正式对村民开放，成为萧山区首个以支馆标准建立的村级图书馆。2009年11月，在馆内又设立了农家书屋，成为渭水桥村村民学习先进农业技术的新乐园，故而村里十分重视。

书屋的占地面积有300多平方米，因为占地面积比较大，为了让读者有一个舒适的看书环境，便在书屋里装了两台空调，以保证书屋内适宜的温度。

在书屋附近有一个小太阳幼儿园和一个大园中心小学，因为书屋装了空调，冬暖夏凉，孩子们都非常喜欢来书屋写作业自习，或选几本喜欢的书静静地坐着看上一会儿。

书屋中除了本村人常来看书外，来村里务工的外来人员也因书屋良好的看书环境而常来看书。这些外来务工人员向翁老师反映，有时候书屋关门时手中的书还没看完，但是因为没有借书证，借不了书。翁老师考虑到他们的实际情况，提

出了两个解决办法：第一个办法便是，带着身份证到萧山图书馆服务台办一个借书证。若是有事暂时没时间去萧山图书馆办证，但是又十分想借的话就采用第二个办法，带暂住证、身份证并交100元押金，便可以先把书借给他们。

翁老师说在农家书屋里，碰到的问题远不止这些，但是一般她都会想办法解决，即使不能立刻解决，也会想办法尽量方便读者。比如有时候电脑坏了，无法借还书，为了不让读者白跑一趟，翁老师便让还书的读者把书放在她这边，等电脑好了一并再还；而对于借书的读者则让他们把借书证留下，她记下读者们所借书的书号，等电脑好了的时候再手工录进去帮他们弄好……

沈老师、小张老师和翁老师尽自己的所能为读者服务，让读者们在书屋中感受到了如家一般的温馨，也让我明白了何谓“读书声里是我家”。

在回程的路上，我的脑海里回想着从沈老师和翁老师的谈话中所了解到的农家书屋里发生的点点滴滴，感受着透过车窗照射在脸上的暖暖阳光，这温度仿佛一直传递汇聚到了心里，使我整个心都变热了，却不灼热，只像这春夏之交的五月阳光一般，有春的温柔，也有夏的火热，让人信心满满。

对你的浪漫是我不变的情怀

——戚家池农家书屋采风纪实

◎ 杭州市萧山图书馆　徐草

5月29日8:30，车子刚启动，我们“读书声里是我家”采风小组组长金丹的手机铃声就响起来了，话筒里传来了蜀山街道戚家池社区农家书屋管理员蒋银燕的声音，她以为我们直接去他们书屋，提醒我们绕道而行，因为直达书屋的路面正在施工。

当我们来到第二站戚家池社区时，身穿黄衣服的银燕远远就在路口招手，特别显眼；村委大门前，村长与书记也早早地迎候着我们。新建的设施、整洁的环境、热情的领导、晴好的天气……这样的氛围让我们一下车就很喜欢。书屋设在一楼西侧的北面，南面是同样面积的村委一体化对外办公区域，在书屋外墙上张贴着村委会的干部花名册，有照有名有职责，让人一目了然。

进入书屋，出纳台前放置了大量的捐赠衣物，这是在五一节书屋搞的“旧衣物义捐”活动中收到的，还没来得及移交到汇总站。翻开活动台账，看到书屋上半年已开展了七项活动，分别是“我是麻豆，我最靓”T台走秀、我是活动家、“我为人人”志愿讨论、社区排舞队友情参演浦阳镇的“三改一拆”大型公益演出、湘湖踏青寻宝、旧衣物爱心义捐及母亲节鲜花义卖活动。小小的一个农家书屋，五个月先后承办七次活动，成绩背后的生动与精彩无须言表。

丹丹看到书架上陈列了2013年与2014年的不少书刊，问起报刊品种，银燕说有报纸30多种、杂志40多种，而且2014年续订了上一年的所有报刊。这个数目超过了不少镇街支馆，银燕脸上洋溢着自豪的微笑，指着一路陪同我们的镇长，说是全靠领导的支持。镇长很年轻，说村里很乐意支出报刊订阅的经费。我想除了厚实的经济支撑，领导的决策部署是关键。

一楼东侧与书屋同样大小，有一间活动室，里面配备了乒乓球台，村民看累了书刊，也能活动一下，劳逸结合。二楼南面分别是村长、书记的办公室，北面又有两块空旷的区域，可以做活动室，虽然没有专业排练室那种配置，但排舞的场地绰绰有余。三楼是大型的培训室，中间有个活动布帘可以隔开，按人数多少灵活控制，室内电子设备齐全，足以满足两三百人的培训课程，村长说四楼整个楼层还是

空着的，只要有场地需要，村委就会全力支持。我知道，这句支持并不是空话。准妈妈丹丹忽然发现书屋内还没空调，银燕解释说，平常是周一到周五晚上开放，双休日全天按需开放，村民来书屋流动性较强，借还图书停留的时间一般并不长。我说那管理员可要常年待在这儿的。村长笑眯眯地跟银燕说，已叫她自己去挑选一台空调，拿发票报销。这一天气温并不高，村长的话语让人内心泛起丝丝清凉的涟漪，在这样务实有效的村干部手下，银燕的工作干劲自然不在话下。

村级文化宣传员的编制限定，银燕还兼带别的工作，但农家书屋的工作做得细致扎实，这一点光看四年来的台账就能窥斑见豹，每项活动都图文并茂，内容翔实。书屋有近5 000册图书，平均一月借还量在100册左右，离萧山总馆近，村民也是喜欢去萧山馆借还。当银燕说他们农村科技书籍需求量不大、哲学书的借阅量较大时，这引起了我的好奇，原来村干部经常在书屋借书，这种高层次的读者对象带动了村级书屋管理员服务意识的提升，对服务内容也提出了更高的要求。这在农村是非常可喜的进步，需求的高端化务必要有相应的服务随之高端化，这就是发展。

农家书屋建设中的“管”“用”“活”，样样都比“建”来得复杂。萧山500多家农村书屋虽然建起来了，未来不仅要活下去，更为重要的是真正能够开展活动，吸引老百姓加强参与意识，增强对书屋的需求感。期待戚家池社区农家书屋不断闪现新的亮点，我们憧憬着美好的未来。

茶果之乡飘书香

——三泉王村农家书屋变化记

◎ 杭州市萧山图书馆　吕莉

与三泉王村农家书屋的情感，缘于它的创建、变化和发展。三泉王村位于萧山区中部被誉为“茶果之乡”的所前镇，距离市中心5.7公里，这里青山环抱、四季长青，因村中有王氏第九世祖觅得“芜泉”“小井泉”“大井泉”三泉，所以命名为“三泉王”。村落不算大，有人口1 600余人，大多也为王姓，其中，300多人为外来务工人员。

第一次到三泉王村，是5年前随图书馆的送书车一同来的。汽车停在空旷的小集市里，车上印有“多读一些好书，智慧一个民族”十二个大字，引起了几个村民的关注。这里人流不大，也不喧闹，环境幽静，村委会、村农贸市场相距不到150米，可以说是村里的中心地段。眺望远处，三面环山，农家书屋也就坐落在这静静的山脚下。说是农家书屋，其实也就是由三间平房组成的村老年活动室，屋前有一个70多平方米的活动空地，有漫步机、扭腰器等四五种不同的运动器械，图书室占一间，约40平方米，其余两间为老年活动室。图书室里面有两位老人正在看报纸。一个身材不高、胖胖的中年妇女笑眯眯地迎接了我们，她就是管理员王七芳。打量四周，也就两个书架静静地立在东面的墙边，书和杂志虽然大小不一，却也摆放得整整齐齐。粗略一看也就400多册书。我们把新送来的40包书放在西面的墙边，王七芳也汗津津地帮我们搬书。稍作休息，王七芳向我们介绍说，她是2005年开始担任图书管理员的，建设初期图书全部是村里人捐来的，后来图书馆给他们送来300册图书，建立了图书分馆，村委会也给他们订了两份报纸和两份杂志，整个图书室才开始有模有样了。“现在好了，你们又给我们送来这么多图书，我们图书室就有点‘档次’了。”话语简单，也透露了山里人实在的个性。由于送书车队要开往下一站，我们便匆匆忙忙离开了山村。

一年后我第二次来到三泉王村农家书屋，给他们配置了3个书架，这次行程一是为了对上次送书后农家书屋分馆建设进行回访，二是对图书管理员进行业务上

的实地指导和培训。依旧是那间平房，但书屋里的氛围却完全不同。里面坐着十多个村民，刚刚为一名村民办好借书手续的王乜芳见到我便微笑着从服务台边站了起来。她说，自从建立了农家书屋后，这里成了名副其实的文化大院。以前，村里很多人每逢春季和夏季都忙于采茶、炒茶，摘李子、杨梅，对文化生活几乎不感兴趣，闲时大多打麻将、玩扑克。由于图书的大量增加，涵盖文学科技、法律法规、少儿读物、健身保健、种植养殖等各种类别的图书几乎都有，藏书量已达到2 200多册，所以村里年轻人都愿意上这里来看书，孩子们特别喜欢看科幻小说，中年人忙完了农活抓紧来书屋“充充电”，翻翻瓜果种植方面的科技书籍。晚上图书室照样开放，阅览读者增加不少，而丈夫也被她培养成了新管理员，有时也会很“自觉”一起替她来“打工”。

俗话说“罗马不是一天建成的”，近期当我第三次来到三泉王村农家书屋时，已彻底没有了“门前冷落鞍马稀”的情形。或许是暑假的缘故吧，阅览室里热闹非凡，村里30多名孩子听完区里的陆法官关于暑期安全的教育课后，正积极互动举手发言呢。王乜芳依然笑眯眯地迎了上来，只是上次胖胖的她明显变苗条了，精气十足，蹬着高跟鞋，时髦不少。我挽着她的手，好奇地问，为何变得这么漂亮了？她满面笑容，开心地说：“还不是你们图书馆的功劳！在你们的指导下，我们开展了各种文化活动，看书的人也随之增多，我每天除了做好管理员的工作之外，晚上还坚持和姐妹们跳上一段广场舞。很多人来的时候都是‘拖家带口’的，看书看报和跳舞的都‘分工明确’。你看，读者多吧！瞧，我又用上了新电脑了。”我问：“你现在操作怎样？”她说：“借书还书不在话下，上次通过你们培训我还会下载萧山图书馆数字资源和共享工程数据库里的电影、农村播种知识及广场舞训练等视频。不会的时候女儿当老师，女儿大学毕业了，学的是计算机专业，双休日有空便来帮一把。”我一听不禁哑然失笑，说：“你呀怎么都全家齐上了阵呀！”与她的交流中我了解到，原来身兼村妇女主任的王乜芳不仅认真做好妇女工作，更是关心村里的孩子、老人和外来务工人员。前段时间她不仅带领村里的老人出去旅游，还举办了好几个活动和讲座，如果树病虫害的防治、妇女健康生育讲座等。随着农家书屋工作的不断深入，村委会对书屋的建设越来越重视了，不仅订阅了22种报刊，还陆续添置了书桌、凳子，环境得到了改善。很多在外面读书的孩子每逢假期都来这里看课外书，书屋的“常客”王俊杰还顺利考上了中国人民大学，可谓

“山村里飞出了金凤凰”。

临走时，王乜芳还告诉了我一个好消息，村里的农家书屋即将乔迁到村南面新建的村委会大楼，借书处面积有60平方米，另外还有宽敞的文化娱乐活动室，门前有篮球场……“到时，还请你们再来指导我们业务啊！”我连连点头。

回来的路上，透过车窗玻璃看着山里的风景，碧绿的颜色给人心旷神怡的感觉。白白的、淡黄的小花不时闪入眼帘，我也仿佛闻到了它的芳香。是啊，在全区几百家农家书屋中，三泉王村农家书屋只是其中非常普通的一家，硬件上也只能算一般，但山里人那种对文化的质朴的需求，正是我们工作的动力。用百花齐放来形容的话，它只是一朵小花，花虽小却不断飘香，那就是浓浓的书香。

图书馆工作
需要一颗火热的心

◎ 杭州市萧山图书馆　龚林奇

经过多年的不懈努力，我区图书馆分馆建设已经实现基本全覆盖，可以说是遍地开花。但是由于各地区实际情况的差别，虽然撒的是同样的种子，开出来的花却是千差万别。五月底，我和分馆建设部、会刊编辑部等同事一起到杜湖社区图书馆和戚家池社区图书馆参观，进一步了解了我们图书馆分馆的建设情况。杜湖社区图书馆和戚家池社区图书馆在众多图书馆之花中应该属于生长在肥沃土壤里的那朵艳丽的花。

一、杜湖社区图书馆

杜湖社区位于萧山的西大门，是典型的城中村，与滨江相邻，区域交通便利，村级经济发达。杜湖社区图书馆在社区农贸市场斜对面社区居委会办公楼二楼北侧，在一楼没有设置图书馆的标识标牌，不熟悉的人不大容易找到。图书阅览室面积约为15平方米，有书架6个，藏书约为2 000册。由于图书数量相对较少，书架并不是按图书分类法分类的，而是按照“学生用书”“医学用书”“文学艺术”等比较符合当地读者习惯的类别进行分类的。室内安置了三张阅览桌供读者坐下来看书，阅览环境良好。图书室的北边是一个社区居委会的办公室，南侧是居委会的大会议室，三个房间使用隔断的方式设置，没有设置过道。由于窗户长期开着，居委会大楼又位于热闹的大马路边，使用率不高的大会议室这边的桌椅上有明显的灰尘，不过图书室里的卫生搞得还是不错的。

杜湖社区图书馆的管理员赵原根是个很热心的人，可以看出他是非常用心地在做这份工作。虽然对外开放公告上是每周二、四、六开放，但实际上赵老师每周只有一天不在图书馆。赵老师完全是出于喜欢这份工作而坚守在这个岗位上的，按照他的话说，这个岗位一年的工资连吃饭都不够用。事实上，乡镇图书馆

的管理员基本都是身兼多职，同时做着好几份工作，而图书馆的工作基本都是应付一下。

来馆的读者基本以看书和还书为主。由于社区分馆图书藏量相对较少，而杜湖社区离萧山图书馆新馆又比较近，交通也便利，所以大部分社区读者借书时主要还是到萧山图书馆新馆。虽然杜湖社区图书馆在门口没有悬挂明显的图书馆标识标牌，但是做事认真的赵老师挨家挨户分发了图书馆开放的通知，将图书馆开放的相关事项通知到了社区的每家每户。

利用社区会议室、社区广场等场地，赵老师每年都会适时地组织几场活动，如各类学习活动、暑假期间多种形式面向小朋友的活动等。同时，赵老师也是一个戏曲和曲艺爱好者，非常喜爱越剧、莲花落等曲艺，对艺术名家、派系如数家珍。他虽然谦虚地说自己的嗓子不适合唱戏，但是各曲段都能随口哼来。热心的赵老师加入了多个越剧QQ群和越剧社团，除参加社团的服务外，还结合图书馆活动，组织邀请戏曲爱好者为社区居民表演越剧，深受社区居民的欢迎。

二、戚家池社区图书馆

戚家池社区位于蜀山街道北面，东与新塘街道相邻，市心路穿村而过，南与曹家桥、向阳社区接壤，西与联丰社区相连，北与城厢街道潘水南苑、南环路相邻，也是一个典型的城中村。戚家池社区先后获得杭州市和谐社区、杭州市人口和计划生育工作模范社区、区三星级文明社区、区计划生育先进社区、区村财务管理四星级单位和信用村等诸多荣誉称号，在发展经济的同时，文化设施建设也同步跟进。戚家池社区图书馆设立在村委大楼的一层靠门口位置，一进大楼就能看到，对于行动不便的读者来说进出比较方便。

我们一行来到戚家池社区图书馆时已经快10点，村长、书记和图书馆管理员一起出来迎接了我们，而且说知道我们要来，8点多就开始等了，足见社区对图书馆工作的重视。村书记简要介

绍了图书馆的建设情况及图书馆相关工作的开展情况。从介绍中我们了解到，戚家池社区对图书馆的投入在社区一级还是比较大的，不仅设置了面积较大的图书室，还在二楼安排了一间报告厅，在三楼预留了两间活动室。同时，安排了专职的图书馆管理员，订阅了比较齐全的杂志和报纸。

戚家池社区图书馆的管理员是一个美女，比较活泼，在村长介绍完基本情况后，由她给我们详细介绍了图书馆相关工作的开展情况。社区以图书馆为基地，组织成立了一支志愿者服务队伍，经常性地开展各类活动。最近，他们还组织了一次爱心募捐活动，图书室墙边堆放着不少衣物。管理员介绍说是志愿队在村里募捐来准备捐赠给贫困地区小朋友的。针对各节假日，管理员还组织开展一些特色服务。特别是暑假期间，每年都组织开展“假日学校”活动，在帮助学生读者完成暑假作业的同时，也让他们有了一个学习新知识的理想场所，深受家长和学生的欢迎。在积极开展服务和活动的同时，我们看到，该管理员还认真做好了相关台账，可以说工作非常细致。

由于图书馆分馆建设在资金来源、人员管理、场地设置等外在因素方面的局限性，要搞好图书馆分馆工作，领导重视和管理员的热心就显得尤为重要。只有领导重视，资金、人员、场地才能得到保障，各项工作才能顺利推进。杜湖社区图书馆和戚家池社区图书馆的管理员都是全职管理员，主动自愿地投入到了图书馆管理工作中，因为热爱这份工作而接受这份工作。只要领导重视，管理员认真负责，图书馆工作就一定能搞好。纵观全区农家书屋建设情况，凡是经济发达的地区，图书馆建设也都开展得不错，再加上领导重视和热心的管理员，就是优秀级的农家书屋。经济情况相对差一点的地区，图书馆建设总体上偏于落后，但也不乏因领导重视和管理员热心而搞得有声有色的。因此，领导和管理员有一颗火热的心，是图书馆建设成功的内因，是必要因素。希望我们全区的图书馆都能配上一颗火热的心，让知识的种子埋在肥沃的土壤中，开出鲜艳的花朵，结出惠及全区人民的丰硕果实。

痛并快乐着

——我的下乡手记

◎ 杭州市萧山图书馆 高洁

全顺客车在学会门口一停，金师傅一声号令，我就要带上我的全部家当出发了。说是家当，其实就是一只环保袋和一只茶杯。环保袋里装的是分（支）馆服务协议、借书证、政府信息公开查询桌牌及读者服务手册，都是分馆正常运作的必需品；因为一天都要跑好几个分馆，每到一处，我们都是用最快的速度搬运书籍，签订协议，组装电脑，再马不停蹄赶往下个村庄，根本没有时间喝水，所以茶杯就是我的中途加油站。

同事们都笑说我常常能参加萧山一日游。确实，我东到益农，西到闻堰，南到楼塔，北到河庄，趁此机会跑遍了萧山的角角落落。其实每次下乡的旅途都是漫长而又枯燥乏味的。幸好金师傅驾驶技术娴熟，又熟悉萧山的各个乡镇，否则会多走不少冤枉路。尽管如此，路上总还是磕磕碰碰的。在去靖江甘露村时，我们走到了两个村庄之间的一条水泥路上。明明是大车可以通过的路，偏偏有村民在路中间堆了几大堆石子，我们勉勉强强通过了前面的障碍物，刚松一口气，没想到后面的石子堆得更多、更散，真是进也不是，退也不是。没办法，金师傅只能硬着头皮往前开，车子一点一点向前挪动，金师傅连大气都不敢喘，两手紧握方向盘，丝毫不敢松懈，等汽车轮子终于擦边擦沿顺着路基安全通过，我们两人这才舒了口气……

去浦阳的分馆时，到达之前没联系上村里的干部，到了之后在村委会和图书室都找不到人，手机也不通。看看手表，才1点钟，离正常上班时间还差半小时。这样干等着太浪费时间了，怎么办？我隐隐约约记得他家的位置，于是决定去碰碰运气。一跳下汽车，我就直冲他家大门。“汪汪汪！”冷不防从墙角窜出一条大狼狗，把我吓得直打哆嗦。好不容易瞅准机会，溜进后院，打听到的居然是村干部出门旅游的消息，实在令人沮丧。幸好最后在村子水塘边洗衣服的阿姨那里问到了另一个管理员的家，才顺利把书送到了图书室。

我们的下乡协奏曲中除了这样的小插曲，偶尔也会添加几个不和谐的音符。

因为总有些地方的工作人员不理解我们的工作。有次到一个社区，为节约时间，车刚停稳，金师傅就赶紧把所有书籍都卸下车，看到社区工作人员全是女的，金师傅和龚老师又帮忙把书都扛到老年活动室里面。没想到刚想歇一会儿，社区工作人员居然用命令的口吻大声说："把书拿到里面去！"这下把我们几个人都搞懵了，虽然下乡时咱也没受过啥礼遇，可这样的待遇还真是头一回。生气归生气，想到为读者服务是图书馆工作的宗旨，我们耐着性子，向工作人员做了解释，和她一起把书搬到了里屋。

还有一次，由于任务特别紧，一路顺道要去的分馆特别多，而好几处连金师傅都不太熟，我们只好边开边问，走走停停，问骑自行车的路人、路旁小店的老板、小摊上卖菜的大妈，几乎是不放过一切可以打听的机会才找到了目的地。看看时间已近中午，我赶紧打电话联系，对方一接电话就大声嚷嚷："都什么时候你们才来，我们都要下班了！"我连忙解释，对方才答应等我们一会儿。终于在11点半以前赶到了分馆，等装完电脑，签好协议，赶回馆里，都已12点半，几个人早已饿得饥肠辘辘……

这种遭遇有时也会让我对自己的工作产生分怀疑，公共图书馆服务连锁体系建设有意义吗？老百姓欢迎这样的文化下乡活动吗？图书馆人的付出能换来大家的肯定吗……但随后发生的几件小事，却让我彻底改变了想法。虽是小事，却折射出了人们对分馆建设的重视。

那是东片的一个分馆，得知我们要去送书的消息，村支书一直等着我们。我们一到，看到此次运送的图书特别多，他二话没说就叫来几名工作人员和我们一起搬书，他自己也立马卷起袖子，热火朝天地干了起来。真是人多力量大，不一会儿，大捆大捆的书都整整齐齐地码好了。有了大家的配合，我们干起活来真的是如虎添翼啊！分馆建设的顺利进行不仅要靠图书馆人的努力，还与镇、村领导干部的重视和配合支持密不可分。

还有一回，因为下午金师傅还要出车，我们办好事情就准备急急往回赶。已临近午餐时间，我们婉言谢绝工作人员的热情挽留，匆匆下楼离开。没想到他一路跟下楼，再次和金师傅说反正吃个饭很快的，吃了再走也不迟。这样的盛情真令人感动，虽然我们还是饿着肚子上路了，可心里却很甜。我们并不在乎这顿饭，在意的是我们的工作得到了认可，我们的工作有了价值！

2009年分馆建设的任务更加艰巨，将建成镇（街道）支馆12个，村（社区）分馆253个，我们也感到肩上的担子更重了。如果我们的汗水与辛劳能换来广大村民的微笑和喜悦，能让他们在家门口享受阅读，能丰富他们的文化生活，能帮助他们提升品质生活，再苦再累也值得！

痛并快乐，快乐着！

沙地办起了
首家免费"图书超市"

——萧山图书馆新湾支馆小记

◎ 杭州市萧山图书馆　谢立红

地处沙地的新湾图书支馆于8月7日隆重开馆，在仅一个月多时间里，办卡"新农民读者"已超过600余人，每天借书流量已达100本以上，来图书馆阅览的读者也在四五十人，图书馆天天门庭若市，犹如一个超市，一个沙地图书超市。按书友们的说法，党和政府开了一个免费图书超市，为他们提供了充足的文化食粮和精神食粮，是一件大好事、大实事。

身为支馆负责人，如何丰富当地百姓的文化生活是其工作的首要职责。为此，王关校校长做了多种尝试和摸索。

（1）创新的管理运营体制汇聚读者。与其他镇街不同，新湾支馆由政府投资，新湾成人文化技术学校主管主办。这种管理运营模式既实现了资源整合、资源共享，又与成人教育、社区教育融为一体，已成为新湾街道正在着力打造的"沙地文化超市"这一社区教育品牌的一个重要载体和平台，更有利于图书馆这一公共文化资源发挥最大效益，更好地为全民参与"人人学习，终身学习"服务。

（2）多渠道宣传推介形式吸引读者。一个好的文化项目只有广泛宣传至家喻户晓才会掀起人民群众参与热潮。一是举行盛大的开馆仪式，邀请镇、村领导，学校教师，学生和普通民众读者代表200余人参加开馆仪式，萧山电视台、萧山日报、萧山教育信息网及萧山图书馆网等媒体均予以宣传报道。二是采取"传销式"传播手段，以新湾中小学生、成校各类培训学员为宣传传播源，往下传到一生（一员）知晓全家。三是充分利用成校校园网络平台进行实时推介。

（3）富有创意的文化活动激发读者。在图书馆开放后不久，很快推出许多读者乐于参与的各种文化活动，包括：新湾街道庆祝国庆60周年红色书刊阅读征文比赛；新湾街道设立“全民读书日”启动仪式；依靠萧山图书馆的支持举办“湘湖大讲堂”走进沙地活动；积极开展面向青少年的读书服务，与新湾镇小联合开展每日一堂阅览课活动，已成为中小学素质教育的课外基地。

（4）优良环境与品质服务赢得读者。为让读者有一个舒适安静的阅读环境，新湾街道财政投入数万元装修图书阅览室和电子阅览室，投入数十万元更新电脑51台，安装空调4台。坚持成校“以百姓呼声作为第一信号，以百姓满意作为第一标准，以百姓利益作为第一追求”的办学理念展开图书服务工作，根据读者需求不断调整开放时间，通过各类培训教育不断提高图书馆工作人员的业务素质和职业道德素质。

良好的开端是成功的一半，只有继续努力、扎实工作、不断创新，才能把家门口的图书馆打造成老百姓真正向往的“沙地文化超市”。

问渠哪得清如许，为有源头活水来

——记建设中的萧山区公共图书馆服务连锁体系

◎ 靖江镇光明村　郑红

2008年7月，萧山区委宣传部大力实施了“种文化”工程，旨在通过在基层镇、村（社区）播种“文化种子”，培育基层文化土壤，丰富基层群众的文化生活。萧山图书馆根据区委宣传部的安排，具体实施了萧山区公共图书馆服务连锁体系的建设，计划三年内在萧山区各行政村（社区）建设585个分（支）馆，从而形成覆盖全区所有镇（街道）、村（社区）的图书服务网络。

“你们这个图书馆太好了，我孙子一直嚷嚷着过来看小人书，我带他过来借两本回去看看。”当我刚走进靖江镇光明村委会的大门，就听到村里张大妈带着8岁的小孙子在村委会院子里跟村主任打招呼。“听说只要办一个借阅证，就可以把书带回家看，我孙子没有身份证，怎么办？”张大妈问道。“您可以拿您的身份证替您孙子办一个啊。”光明村图书分馆管理员小郑热情地回答。

“一切都变了，原来村里面人闲下来后没事干，大人聚一块打扑克赌博，小孩子闷在家里上网玩游戏；现在，我们村级分馆变成了村里的活动中心，大人小孩子都愿意过来，大人翻翻书，看看《农村致富100例》，小孩子到图书馆不仅能翻看图画书，还能看到很多小朋友。”村主任介绍道。“不止这些呢，”小郑说，

“周末的时候，在萧山念高中，在杭州念大学的都到我们这里借书呢。”

我问小郑：“你们这边借的最火的是什么书？”小郑马上回答：“我们一共有8本关于美食营养的书，全被借走了，另外5本带光盘的《太极剑》也全被借走了，接下来就是2本被借走的《电脑黑客攻防100例》。”小郑一边回答，一边帮张大妈办理借阅证。

“村级图书馆太好了，它可以直接服务我们农民，以往我们这边农民基本上不看书，不看报，文化生活很匮乏，现在好了，闲下来的时候，几个人一商量就到我们图书馆这边翻翻书，聊聊天，图书馆成了大家的活动中心了。”小郑继续说，“其实人均阅读量也是衡量一个国家国民素质的重要指标，冰岛、芬兰等国家的人均阅读量达到了20册/年，我们光明村加上外来人口有将近2 000人，我们每年的借阅量需要达到40 000册，才能达到芬兰的水平。”小郑是2008年参加工作的“大学生村官”，有一定的理论水平，最近图书馆的事情把她忙得不亦乐乎。她又指了指小小的图书馆，“现在这个图书馆才有1 000册书，远远不够，不过以后我们还会及时地更新图书。”

谈到以后如何运营这个图书馆，小郑一脸憧憬地说：“我打算在平时多联系一下区里面的图书馆，请一些专家多举办一些科普讲座，尤其是一些健康生活的科普知识，把我们这个图书馆变成基层的科普阵地；另外，我还打算在学生放假的时候把兴趣班组织起来，我们这边的孩子一放假就不知道干什么，整天只知道上网，我要请一些大学生志愿者给我们这边的孩子辅导阅读、音乐、美术，让他们像城市里面的小孩子一样接受教育吸取文化，一样有自己的梦想。”

我都被小郑朴实的话语打动了，想起那句话：多读一些好书，智慧一个民族。我们的村级图书分馆就像一条小小的溪流，流入每一个村落、每一户家庭，就让这充满文化力量的涓涓细流滋润每一颗自由的种子、自由的心吧！

夯实基础 创新思路
加快推进农家书屋工程建设

◎ 党湾镇图书支馆　王雪琴

党湾镇位于萧山区东部，全镇有17个行政村、1个社区，4.2万人口。近年来，党湾镇在区委、区政府的正确领导和上级主管部门的指导下，紧紧围绕建设美丽文明幸福新党湾的工作目标，把农家书屋工程建设作为精神文明建设和为民办实事的重要载体，作为提高群众文明素质和幸福指数的主要抓手。目前全镇共有农家书屋17个，其中省级示范农家书屋1个、市级示范农家书屋1个，实现了农家书屋工程建设全覆盖。

一、加强领导，提高认识，确保农家书屋工程建设有序推进

自2008年实施全区公共图书馆服务连锁体系建设以来，我镇按照区里的要求，建设了1个图书支馆和17个图书分馆，今年按照市区关于在2012年年底全面完成农家书屋建设任务的要求，我镇在参加区里召开的农家书屋工程建设现场推进会后，向主要领导做了汇报，得到了镇主要领导的高度重视。党湾镇成立了农家书屋工程建设领导小组，具体负责全镇的农家书屋工程建设，同时召开了由村书记、分管文化工作的委员参加的专题会议进行部署，要求各村对照农家书屋的建设标准，进一步统一思想，提高认识，落实专人负责，全面做好全镇的农家书屋工程建设工作。

二、加大投入，夯实基础，确保农家书屋工程建设稳步推进

为了推进全镇的农家书屋工程建设，我们确保了三个到位。一是投入到位。硬件设施是农家书屋建设的基础和前提。针对各村图书分馆建设的现状以及农家

书屋的建设标准，我们组织人员对各村的设施进行了一次全面的排查摸底。对每个农家书屋的藏书数量及需要添置的设施做了统计，并要求各村在9月底前全部配备到位。对于场地面积不足的村，要求寻找好合适的场地，确保资金到位、设施到位。今年各村新添置的书柜36个，报刊架8个，报架7个。镇里也从2008年以来就出台了统一出资购买电脑，对农家书屋建设表现突出的村补助3 000至5 000元的政策等。二是管理到位。我镇通过综合考评，在全镇招聘17位村级专职宣传文化员，对其进行了电脑操作、借阅流程等相关培训，并对各村在建设过程中存在的困难和问题及时给予解决，及时上架统一配送的图书，让老百姓真正享受公共文化服务。三是制度建设到位。根据我镇实际，制定了“专职宣传文化员工作职责”“农家书屋借阅制度”“优秀农家书屋建设工作考评”等一系列制度，严格按照图书分类、登记、上架、保管、借阅等有关要求，进一步明确工作职责、保证工程建设的规范与长效。

三、创新思路，寻找载体，确保农家书屋工程建设合力推进

我们在农家书屋工程建设过程中，努力寻找工作的切入点，利用有效载体，加快推进工程建设。一是借助政府实事工程推进农家书屋建设。今年我镇把十大品牌文化广场建设作为政府八大实事工程，为了更好地推进我镇文化基础设施建设，我们把镇级十大品牌文化广场建设与区级文化示范村的创建标准进行了整合，要求各村在创建品牌文化广场的同时要建好五个活动室，其中就有农家书屋的建设，并且创建成功的给予10万元补助。二是利用“春泥计划”活动推进农家书屋建设。我们利用“春泥计划”活动这个平台，提高农家书屋的利用率，同时也为参加此活动的同学们提供了一个学习的场所。

如今党湾镇农家书屋工程建设虽已全面完成，但离上级的要求还有一定的距离。我们将再接再厉，创新工作思路，加大投入力度，全面提升农民群众的科学文化素养，为文明幸福新萧山建设做出不懈的努力。

做实做优文化惠民工程

◎ 瓜沥镇图书支馆　金琳

瓜沥镇图书支馆在农家书屋建设推进方面虽然做了工作，但与兄弟单位相比还相差甚远。简要说来，我们所做的工作包括以下三个方面。

一、政策支持，打实建设基础

近年来，瓜沥镇党委政府下大力气、用大手笔推进镇村文化硬件建设，2010年起，每年用于文化建设的资金超过500万元，力争用三年时间实现村级文化广场（中心）建设全覆盖，并通过出台“以奖代补”政策，支持村级建设。到2012年年底，全镇建成并投入使用村文化广场（中心）18个，其余的也都在建设之中，为推进农家书屋工程建设提供了良好的基础条件。按照区委区政府关于实施“4341”工程的要求，通过村出场地、镇出资金统一购置电脑等举措，到2010年年底全镇23个村5个社区都建起了村级图书分馆。在萧山图书馆的指导帮助下，利用图书分馆平台资源，23个村图书分馆相继建设了农家书屋，挂上了统一标识，全镇村级书屋建设率达到了100%。到目前为止，全镇仅村级图书分馆藏书就达39500册，每个书屋至少配有专（兼）职管理员一名，每周开放时间不少于两天。

二、示范引领，提升建设层次

早在2008年，在区文广新局的领导支持下，渭水桥村就建起了全区首个与区图书馆联网的村级图书分馆，以此为平台建立了农家书屋，其场地，拥有的图书门类、数量和管理运作模式，成为全区图书分馆和农家书屋的样板。去年，横埂头村文化中心落成，区文广新

局再次给予规划指导，帮助横梗头村在图书分馆的基础上进行硬件改造和软件升级，从而建成了有村域特色、服务规范的村级样板分馆和农家书屋。去年以来，我们先后组织镇村相关人员赴嘉兴考察参观，学习借鉴农家书屋建设管理的先进做法，召开全镇村级文化建设现场会，推广身边的建设先进典型，镇党委政府提出，结合全镇村级文化广场（中心）全覆盖工程，高标准建设农家书屋，力争使全镇三分之一的农家书屋成为区级的示范书屋。目前，在区图书馆的指导下，低田畈村、隆兴和村都建起了样板图书分馆和农家书屋。

三、管用并举，凸现建设成效

在农家书屋的运行管理过程中，人始终是关键因素。我们邀请区图书馆的老师为全镇村级分馆管理员进行上岗培训，使他们掌握了操作图书借还系统的技能，从而保证了农家书屋的正常运作。同时，利用村级品牌大讲堂，结合“春泥计划”，帮助渭水桥、横埂头等村设计群众喜闻乐见的读书活动载体，增强群众的学习兴趣，提高农家书屋的利用率。

今年是瓜沥小城市建设的关键年，伴随着各大建设项目的全面推进，镇村文化建设也迎来了难得的机遇。投资2.5亿元的文体中心和任伯年纪念馆等一批具有辐射效应的标志性文体工程相继启动，必将对我镇高标准管理和运作好农家书屋工作起积极的推动作用。下一步，我们将按照区委区政府和上级业务部门的要求，进一步强化农家书屋日常运作的管理，特别是对正在启动建设中的各村文化中心进行指导。对有条件的村，要求把已建设好的农家书屋从软硬件入手，升格为全区样板。另一方面，通过请进来辅导、走出去观摩等形式，不断提升图书管理员服务读者的水平，把这项文化惠民工程做实、做优，做成亮点，为瓜沥实现由做镇到建城的跨越提供坚实的精神文化基础。

编者按：党湾镇镇中村农家书屋特色鲜明，具有典型的示范作用，于2012年先后被评为杭州市示范农家书屋、浙江省示范农家书屋。

搭建农村文化平台 建设农民精神家园

◎ 党湾镇镇中村图书分馆　徐水林

党湾镇镇中村位于风景秀丽的钱塘江南岸，具有典型的沙地特色，是勤诚党湾的重要组成部分。现有村民小组29个，农户1 176户，户籍人口3 942人。村党委下辖6个党支部，党员140名，村民、社员代表61名。全村区域面积3.21平方公里，耕地3 376亩，是党湾镇人口、地域面积第一大村。近年来，我村夯实基础，搭建平台，创新载体，把发展弘扬先进文化作为切入点贯穿于新农村建设的全过程。我村持续在文化硬件和软件建设上下功夫，建设了120多平方米的农家书屋，藏书3 000多册，加强了对党员干部群众的培训教育，丰富了文化生活，取得了明显成效，加快了全村经济社会的发展步伐。

一、加大投入力度，力促农家书屋规范管理

镇中村按照上级部门的要求，结合实际，在领导、财力、物力等方面不断加大投入，切实办好农家书屋。一是加强组织领导，将农家书屋工程作为头号工程来抓，作为服务大局、落实建设社会主义新农村战略的实事来办。及时成立了农家书屋工程领导小组，由村党委书记潘高中同志任组长，村党委委员陆军伟任分管负责人，文化宣传员徐水林负责农家书屋开放服务工作。二是加大资金投入，在建设村文体活动中心的时候，优先安排120多平方米的农家书屋，配齐了桌椅、书柜等办公用具。三是整合资源，提高图书利用率，以方便群众为原则，农家书屋与党员远程教育室、多功能会议室相配套，不断加强硬件建设，完善服务功能，满足农民群众丰富多彩的科普、文化、体育、娱乐活

动需求。

二、强化规范管理，提高农家书屋利用率

镇中村对农家书屋的管理注重细节，力求创新，追求实效，切实做好农家书屋的建设、管理、维护和使用等工作。一是坚持以人为本，灵活安排开放时间，在星期天、节假日集中对在校生开放，有效提高了图书利用率。二是加强制度建设。农家书屋的图书管理员都经过统一科学化培训，图书分类、登记、上架、保管和借阅等全部过程严格按照要求，做到农家书屋的所有书目都经认真核对、登记、制度上墙、免费借阅，实现制度化、科学化、规范化管理。三是强化措施，科学管理。为保证通过“农家书屋”这个载体更好地开展优质便民服务，镇中村在书屋内粘贴了醒目的书籍分类标识，就连桌椅、书柜、报栏位置等不起眼的细节都精心设计，用心摆放；定期为村民播放农家书屋内的电子音像制品，注意发挥农民群众的主动性和创造性，听取他们对农家书屋的管理和维护以及对出版物需求的意见，有效地促进了图书的科学化管理。四是搞活图书流通，充分发挥优势，与周边村农家书屋定期交换流通自己没有的书籍，扩大图书流通领域，达到资源共享，发挥更大的作用。

三、坚持学用结合，充分发挥农家书屋作用

镇中村充分发挥农家书屋的作用，开展各类文学作品的创作评比活动，积极向有关单位投稿，开展形式多样的文化活动，进一步培养农民的阅读习惯，提高农家书屋的利用率，帮助农民通过书本学到一定技能。镇中村将农家书屋与农村党员教育结合起来，使农家书屋成为宣传党的方针政策、传达党和政府声音以及基层党的建设的重要阵地。进一步关注未成年人的成长，为他们提供学习辅导材料和有利于健康成长的课外读物。

四、务求取得实效，推进农家书屋有序发展

通过兴办农家书屋，凝聚了合力，丰富了农村文化生活，改善了农村文化环境，提高了农民整体素质和文明程度，为宣传党的方针政策、传达党和政府惠民的心声提供了良好的平台，为广大群众营造了一个理想的精神家园。

农家书屋已成为镇中村重要的文化阵地，有力地促进了我村经济发展和社会事业的全面进步。镇中村将继续把农家书屋建设作为年度工作重点之一，按照有关具体要求，通过建设好文化基础设施，对村民提供文化服务，让广大村民能在物质文明提升的同时，文化生活更加丰富。

建好农家书屋
打造村民精神家园

◎ 南阳街道农家书屋 张肖乐

农家书屋建设是近两年来南阳街道文化建设中的主要工作之一。在区文广新局、区图书馆的大力支持下，在街道主要领导的高度重视下，我们南阳街道较好地完成了农家书屋的建设工作，并积极采取措施，充分发挥农家书屋群众文化主阵地作用，力争将这一实事工程真正惠及全街道的老百姓。

一、统一思想，明确任务

2012年4月17日，区农家书屋工程建设现场推进会召开后，我们及时向街道主要领导汇报了会议精神，得到了主要领导的全力支持。为了在工作推进中获得各村主要负责人的配合，由街道主任王斌亲自带队，组织各村书记和宣传委员赴瓜沥横埂头村、渭水桥村考察取经，使他们亲身感受农家书屋给老百姓生活带来的变化，了解农家书屋建设的要点。通过考察，开阔了大家的眼界，统一了大家的思想。回来后，我们召开农家书屋建设工程专题会议，明确任务，落实责任，使这一工作在短时间内全面铺开。

二、强力支持，及时指导

在南阳农家书屋的建设中，我们对每一个村进行了详细的调查摸底，和村一起因地制宜地制定好建设方案。建设过程中，我们得到了区文广新局领导和文化科、区图书馆的全程指导和帮助。从选址到设备添置，从书屋内部布局到宣传氛围营造，从制定管理制度到落实专人负责……都得到了区图书馆积极主动的专业指导。在图书配送、人员培训、设备调试等方面区图书馆也给予了强力支持，使我们在规定的时间内顺利完成了农家书屋全覆盖的任务。

三、强化队伍，落实管理

农家书屋建起来后，如何运转关键看人。我们以村级专职宣传文化员为主体，建立起了一支图书管理员队伍，并将农家书屋的管理工作作为专职宣传文化员年终考核的重要内容。通过区图书馆的系统培训，他们都已熟练掌握图书分类、登记、保管、借阅的操作流程，及时处理图书虫蛀、受潮、缺页等问题，确保书屋图书质量。同时，由于人员固定、制度健全，确保了书屋对村民开放的时间，提高了书屋的利用率。

四、深化服务，创新提升

农家书屋建起来了，管理队伍、管理制度也有了，但如何真正发挥好它的作用，而不是沦为形象工程，这需要我们去思考，去实践。

在今年年初街道宣传文化工作会议上，我们对农家书屋的运作进行了探讨。大家认为农家书屋目前还是一个新生事物，广大村民对农家书屋的了解还不够，自发进入书屋阅读的极少，这需要我们有创新思维，进一步加大宣传力度，进一步深化服务。为此，我们决定开展实施“一户一证”工程，即要求全街道按照辖区的户籍数，为每一户老百姓办好借书证，并在送证上门时开展农家书屋宣传。我们要求在6月30号放暑假前将借书证全部办好，并发放到位，使每一户家庭的孩子在暑假中都能到农家书屋看书、借书。在区图书馆李关春主任的大力支持下，区图书馆打破常例，为我们配齐了所要发放的借书卡。3—6月份全街道共发放借书证8 094本，除少量不在南阳常住的人员，南阳老百姓每户人家都有了一本借书证。为了更好地服务村民，我们给每个书屋配备了读书感言本、笔、电风扇及老花镜等，条件好的村还配有空调，使广大村民有一个安静舒适的阅读环境。在暑假里，农家书屋成为了孩子们的乐园。一群群孩子在书架中穿梭成为了每个农家书屋最常见的镜头。

五、文化阵地，效果初显

通过这两年来的努力，南阳的农家书屋体现出了较强的活力。据统计，南阳

农家书屋新增图书9 733册、桌子66张、椅子237张、书架90个，全街道公共图书达到46 250册，农家书屋得到了广大村民的较高认可度。特别是我们将农家书屋的活动开展与春泥计划、文化示范村创建、农村文化大礼堂创建等文化工作结合起来后，内容更加丰富，形式更加多样。今年暑假，我们还在全街道开展了“好书天天读”暨“农家书屋，精神家园”读书征文大赛。广大读者踊跃参与。从许多参赛稿中可以看出，我们的读者对农家书屋有着很高的评价和浓厚的感情。例如，赭东村的郁芝佳同学在文章中说：“自从村里有了农家书屋，我们既学到了课堂外的知识，开阔了眼界，暑假生活也不再枯燥。”坞里村的东良老人在文章中说：“农家书屋让我们老年人老有所学、老有所乐，谢谢政府和基层领导们，是你们的努力让我们的晚年生活更加丰富多彩。”

群众的认可是对我们努力工作的最高回报。在今后的工作中，我们一定加倍努力，为满足人民群众日益增长的文化需求，提升老百姓的文化素质做出积极贡献！

农家书屋——农村孩子的精神家园

◎ 杭州市萧山图书馆　罗群英

免费的“营养午餐”能给农村孩子身体的成长补充营养，那么他们的“精神食粮”在哪儿呢？他们能否像大多数城里孩子那样待在凉爽的图书室，择一个安静的角落坐下，度过快乐的暑期时光呢？他们能否看到自己喜欢的课外读物，真正感受到阅读之美呢？

农村孩子的假期很多都是在玩游戏和看电视中度过的，一部分农村学生对课外阅读有着浓厚的兴趣，可是苦于条件限制，存在买书贵、路途远、选择盲目等一系列问题。如果从小没有养成阅读的习惯和形成对书籍的依赖，今后他们恐怕不可能再喜欢上阅读了。孩子的读书状况极大地影响着国民阅读的整体水平。所以，我们必须重视孩子的阅读，尤其是农村孩子的阅读，必须为农村的孩子营造一个精彩的阅读世界。

从2007年起，全国范围内实施了公益性文化服务工程，农家书屋打开了农村孩子的阅读世界。萧山共有135个社区、411个行政村，据统计，截至2012年年底，全区常住人口123.6万人，其中农业人口约71.0万人，约占总人口的57.4%。此外，随着萧山经济的迅速发展，一大批外来务工人员和他们的子女也成为萧山的一支大军，截至2012年年底，登记在案的外来人口有126.3万人。这些农村孩子和外来务工人员子女同样有权利享受良好的阅读环境。截至2014年，我馆已经建立了563个农家书屋和流通点，它们分布在萧山的各个村落、企业和民工子弟学校。新建农家书屋为这些农村孩子和外来务工人员子女们课外阅读创设了一个便捷通道。

萧山图书馆在农家书屋的建设上做了一些实实在在的工作。尽量解决农村孩子阅读需求的问题，也应各馆要求开展区域性读书活动，延伸到每个乡村支分馆。具体而言，主要有三个方面。

一、创建阅读专区，为儿童阅读提供一个温暖的家

萧山部分新建的农家书屋都开设了亲子阅读区、少儿绘本区等，为农村孩子的课外阅读提供了良好的环境。同时保证少儿书籍的质量与数量，根据各馆的实际需要调拨书籍，尽可能是最新、最全、可读性强的少儿书籍。

以新建的临江支馆为例。临江支馆位于临江高新技术产业园区，园区内村、社区居民8 000人，以中老年人及儿童居多，外来务工人员3万左右。为了使村民和外来务工人员的孩子有一个能专心阅读的场所，支馆在新建的农家书屋内专门开设了一间少儿阅览室。不到40平方米的阅览室装修得很具儿童气息，一共放置了近600册崭新的绘本。儿童阅览室也经常开展一些阅读活动，比如讲故事比赛、共读一本好书、亲子阅读等。儿童阅览室从开馆到现在吸引了不少小朋友前来，现在他们已经是这里的常客。除了少儿阅览室，其余的青少年读物也占了满满的好几排书架，共2 500册，都是最受孩子欢迎的课外读物。暑期快到了，临江支馆的管理员们更是每个月积极地来图书馆更新少儿读物，每次这些新书都受到孩子们的热捧。当然，受条件的限制，很多农家书屋在硬件设施上不能做到像临江支馆这样，但图书管理员都采取很各种各样的措施，比如义桥的湘南村就开设暑期自修室，暑期孩子们可以在这里做作业、看课外书，热心的燕子老师还会给孩子们讲故事。

临江支馆少儿阅读区

二、引领阅读，发挥农家书屋的导向作用

很多孩子来到图书馆是盲目的，不知道选择什么书。向孩子推荐与其生活密切相关的书籍，这对孩子的阅读引导将起到积极作用。很多孩子喜欢读校园故事和动漫类图书，这些图书有一个共同的特点就是通俗易懂、情节刺激、故事性强，但仔细分析却发现这些作品的内容可读性虽强却如过眼烟云，除了博孩子哈哈一笑外，其余就没有太大意义。我们要求图书管理员定期为孩子们推荐书籍，尤其是经典书籍，让孩子读到更多好书。当然倡导孩子们阅读经典不能仅止于开个简单的书目，应该着重去引导孩子走近名著，激发他们阅读经典的热情。走访义桥云峰村时，来管理员介绍他们会定期向孩子推荐优秀的少儿读物，定期开展读书心得体会写作等，孩子们热情高涨，参与的积极性很高。她们在选择书籍的时候也更有方向性，那些经典名著的借阅记录一下增高了。

聚精会神品味书中奇妙世界

三、开展丰富多彩的活动，让孩子感受阅读之美、阅读之乐

为了培养孩子们阅读的兴趣，图书馆学会和活动部携手走进农家书屋、农村小学，开展丰富多彩的亲子阅读、演讲比赛、汉字大赛等一系列的活动。

亲子阅读是儿童阅读的重要组成部分，而农村家庭大部分还处在亲子阅读的

盲区。图书馆学会每个月举办亲子阅读绘本故事大赛，不光要亲子阅读还要求亲子共同演绎绘本故事。活动主场地设在图书馆，农村的孩子可以通过各农家书屋报名参加，图书馆也会定期地在农家书屋开展绘本故事比赛。除此之外，汉字大赛、故事比赛、演讲比赛等一系列活动也充分调动了孩子们的阅读热情。

“小考拉”亲子阅读故事比赛—— 启迪心灵的图画故事

传承民族文化，领略汉字之美—— 汉字听写大赛
第二站：浦阳镇径游中心小学

走进沙地系列活动“树文明新风，做美德少年”
诵读比赛在临江新城实验小学举行

每个农家书屋就像一个家，我相信农家书屋更将成为孩子们的心灵家园。

走进永翔

——永翔图书分馆访谈

◎ 杭州市萧山图书馆　邵韵华

书是人类进步的阶梯，是人类智慧的源泉。构建一个全区图书资源“通借通还，资源共享”，“一证在手，借遍萧山”的公共文化共享服务体系，是贯彻落实上级精神的有效载体，也是保障我区市民基本文化权益的有效手段。中共萧山区委宣传部因地制宜，于2008年7月出台了政策文件，大力实施覆盖全区的公共图书共享连锁体系“4341”工程。经过几年的努力，已经形成了以萧山图书馆为总馆，镇（街道）图书馆为支馆，村（社区）、企事业单位图书馆为分馆，图书流通车为补充的全区图书馆服务网群。

浙江永翔集团是第一个吃螃蟹的企业——2008年7月15日成立了萧山首个企业图书分馆。弹指一挥间，六年过去了，现在的永翔图书分馆怎么样了？为了了解情况，2014年5月8日我们再一次走访了永翔分馆，采访了集团党委副书记傅水祥同志（以下简称傅）。

问题1：为什么要成立萧山第一家企业图书分馆?

傅：我们主要基于以下四个方面的考虑。

（1）这是企业发展的必然选择。我们永翔集团始创于1983年，经过多年的稳健发展，形成集通信产品、金属制品、高档纱线、果酒系列、建筑房产、绿色化工、商务贸易等为一体的多元化产业省级集团。仅纺织公司员工就达1 000余人，其中残疾人占50%，外省籍员工占30%～40%。如何安排员工的业余生活成为公司总裁以及管理部门首先要考虑的问题。之前我们永翔电缆尝试创办了图书室，但由于规模小、藏书量少、图书更新慢，无法满足企业发展和员工学习的需要。一听说萧山图书馆要在全区建立公共图书馆服务连锁体系，集团领导便马上提出了建分馆的要求。在各级党委、政府和萧山图书馆的关心支持下，图书分馆很快就建成了，为集团增添了一道亮丽的风景线，同时也解决了公司员工“看书难，借书难”的问题，当年的借阅量就突破了1万人次。

（2）这是企业招工留人的有效载体。当前企业普遍认为“招人难，留人更

难”，但永翔不存在这个问题。俗话说得好，“栽好梧桐树，引得凤凰来”。我们认为留人的关键是要留心，只有留住了员工的心才能留人又留心。企业不能一味地只追求经济效益，只关心员工的经济收入、物质利益，更要关心员工的精神需要，满足大家的学习愿望，丰富他们的业余文化生活，使员工有归属感、责任感和使命感。图书分馆的建设就是一个很好的载体，使“企业是我家，发展靠大家”的理念深入人心。

（3）这是丰富员工业余生活的重要途径。为解决企业员工“看书难，借书难”的问题，我们顺势而为，成立企业图书馆，这为员工们办了一件实实在在的大好事，也为集团广泛开展创业创新和提高企业员工素质创造了良好的平台。社会在进步，企业在发展，员工在成长，需求在增长，图书分馆也在不断地发展壮大。永翔图书分馆目前的馆舍面积为100平方米，拥有图书1 500余册、期刊30种、报纸10种、音像资料32件、阅览桌44张、服务电脑1台、检索电脑2台……分馆配有专职管理人员，根据萧山区公共图书馆服务连锁体系要求，实行“一证通”图书借阅服务。

（4）这是企业长远发展的重要基石。常言道：“一年企业靠运气，十年企业靠经营，百年企业靠文化。”我们永翔要成为常青树，必须大力实施文化强企战略，打造企业文化，而图书分馆建设是企业文化建设的重要组成部分，是企业成长发展的助推剂。可以说建立企业图书分馆正好契合了企业自身发展的需要。

问题2：请你谈谈企业图书馆在企业文化建设中的作用。

傅：相信各位一走进永翔就会看到我们办公楼墙上醒目的八个字：助人成长，共创价值。这就是我们企业文化的核心理念。我觉得企业文化是一个企业生存的精神支柱，企业人才是一个企业发展的先锋队，在知识经济时代，社会要发展，企业要生存，知识和人才是根本。由于认识到这一点，我们永翔集团一直以来十分重视培育企业文化，鼓励员工的知识更新，但是员工的知识更新需要从图书中来获得。虽然现在网络的应用发展得很快，但是书籍在我们的生活中还是不可缺少的一部分，它起到了积极的作用。员工知识的增长，为我们

永翔的发展以及打造一流企业奠定了坚实的基础。如果一个企业能切实搞好文化建设，那么企业就有凝聚力、向心力和创造力，企业的可持续发展也就成为了现实。

在访谈中，我们还了解到以下情况。

这些年来，永翔图书分馆不仅满足了员工借书的需求，还开展了丰富多彩的读书活动，如“改革开放三十年”主题演讲比赛，“爱我中华，爱我永翔”庆祝祖国六十周年华诞演讲比赛，锡恩培训分享会，“世界是和平的”的读书活动……受到了集团员工的欢迎。在图书借阅方面，文学类、政治类、历史类、综合类图书深受员工的喜爱，图书借阅量逐年提升。集团员工通过书籍知识来武装自己，不断提高自身的文化素养，集团员工开发了拥有自主知识产权的“计算机分包配棉投料系统”，被棉纺行业列为样板工程；大型棉纺企业“精细化管理系统构建与实施”获浙江省企业管理现代化创新成果二等奖；现代化纺纱厂“条形码管理系统应用建设”获省级管理现代化创新成果三等奖。

采访归来，我感慨颇多。图书分馆建设是企业文化的灵魂，是企业成长发展壮大的生命线。如何才能让图书分馆扩面提质？如何才能让图书分馆走进规模企业？……我们任重而道远。

印象实案两则

——对萧山区瓜沥镇两处农家书屋的实地调查印象

◎ 杭州市萧山图书馆　孙燕

一、横埂头村农家书屋

1. 未及印象

早晨八点半的春光里，迎着温和的阳光，我们一组人驱车来到这片村子。一路上，我一直猜想着，这个最小的图书馆分支会是一家怎样的书屋呢？只听旁人说它好，可到底有多好呢？

2. 观察印象

车子停进了横埂头村文化中心，首先映入眼帘的是一个现代化建筑的露天小舞台，这完全是一个都市化的小缩影。作为一个农村建筑，它并不在我的想象范围之内，瞬间，这个村子在我心中的形象高大上起来。

沈老师已经在门口迎接我们，她是横埂头村农家书屋的管理者，也是村委，因为能干和喜欢干，她退休后仍坚守在这里。初次见面，就觉得她是一位特别热心的人，一直跟我们边走边聊着，马上就拉近了距离。

走到二楼的书屋，门大开着，里面有个老大伯在看报纸，神情安然。继而吸引我视线的是那片儿童天地（图A），它处在进门的左边，墙边整整齐齐的四排柜子上全放满了儿童书，富有童趣的墙饰诠释着快乐与轻松，简洁美观的桌椅搭配协调，不占多的空间。尤其是旁边的地毯和矮柜看起来很人性化，为低幼儿童提供了方便。

服务台正门口，同样很有特色，木质棕色的桌台、椅子和条纹背景，看起来很稳重，背景上的那句“让我们在图书馆里成长”十分醒目。

门口右边是一大片成人书架（图B），这些书架的摆放跟我们区图书馆的完全一致，井然有序。读者可以根据墨绿色标签找到自己想要的书。这些书架上基本

都放满了书，做到了最大空间的利用，看起来非常实用。

图A　儿童天地

图B　成人书架

最后是书架边上的报刊（图C），这里订着20来份不同的报纸，对于一个农村来说这样的资源已经很丰富了。一边的座位摆放也很合理，便于取放。

书屋虽然只有小小的60来平方米，但麻雀虽小，五脏俱全。该有的硬件条件这里全都符合了，南北窗的采光也极好。整个环境就四个字——赏心悦目。

图C　报刊

3. 深入印象

为了更多地了解这个农家书屋，在参观之后，我们和沈老师一起聊了很多关

于这个书屋的开放情况。客观存在的条件再好，总要有它的价值体现，人们才会说它好。这个农家书屋从2011年8月开放至今，一直在不断地追求精益求精。它拥有10 650册的藏书量，一般白天开放。工作日人流量不多，只有老人们会来转转，双休日则会引来一大批孩子来做作业、看书，还有家长看书休闲。

为了更好地开展农家书屋，一些活动总是少不了的。这里最经常做的事情是：小朋友多的时候随时来个讲故事比赛；做宣传，请农民工和从不来的村民参观和阅读；举办一些适合当地村民实际需要的科普知识讲座等。沈老师还特别提到，下雨天他们会在走廊上铺红地毯，以防止老人和小孩滑倒，多么有爱的举动，真的很温馨。

4. 终极印象

经过实地考察，我们对横埂头村农家书屋的印象相当好。在全区481家农家书屋中，它不愧为领头雁，既在硬件上实现了现代化，又在软件上做到以人为本，在一些小细节上特别注重，足以说明它的强势所在。相信这个书屋一定会给村民们带来更多的精神福利，也给其他农家书屋树立一个良好的榜样。我们会一直关注它的成长！

二、渭水桥村农家书屋

1. 未及印象

因为对第一家书屋的好感连连，对第二家也就显得特别期待，不知道他们所说的“这家也很好”会有怎样的好。潜意识里已经有一个比较在了，会让我失望吗？会比第一家更好吗？充满期待，我们来到了隔壁村的渭水桥村农家书屋。

2. 观察印象

这家书屋四周没有围墙，门口是一个标准大小的篮球场，穿过球场，直接进正门，从门面（图D）看，比第一家的面积更大。这个农家书屋分为两层，第一层整个教室里放着40台电脑，看上去很是气派，配备的椅子质量都很好，只是未见有人用。扶梯而上，立刻可以看到服务台，第二层就是书屋的主体。

首先印入眼帘的是一大排成人书架（图E），这儿的摆放格局跟第一家不一样。全部书架都是靠墙而立，除了中间的桌椅外，空余空间比较多，而它的实地面积比第一家大很多，因此整个看上去比较空旷。这么空旷的场地，窗户却只有四个小扇，采光没第一家好，但也不暗，不会影响读者阅读。

图D　门面

图E　成人书架

这个书屋的儿童区只有一个角落（图F），虽然细看还是精致的，但在宽敞的整个教室里显得很小，其实是可以充分利用再加大的。

墙上的标语还是不错的，服务台上的“共享阅读”四个字是著名曲艺家翁仁

康老师题的词，顿时提高了书屋的文化内涵。还有儿童区的“托起明天的太阳”一句，完全跟区图书馆少儿部的口号一致。

图F　儿童角与口号

3. 深入印象

这里接待我们的是一位翁姓美女老师，她是负责书屋一切事务的管理员。据她介绍，这个书屋西面就是一家幼儿园，平时老师们会充分利用书屋的资源，带孩子们来这儿看书或做游戏，工作日来的人一般都很少，因此对孩子们来说，玩乐的地方是极好的。

因为只有一个人在管，所以这里一周闭馆一天，晚上不开放。若晚上有人来还书，则可以打电话，把书放到门口挂着的篮子里，第二天翁老师会处理。这个做法极大地方便了群众。

渭水桥村农家书屋的活动类型跟横埂头村的差不多，除此之外，因为领导的重视，它还十分关注全民阅读这一块。为了能让更多的村民来此借阅，翁老师做了一个上门服务，亲自去宣传并免费为村民办借书证，如外来人员需借阅图书，交100元押金、记下暂住证信息就可以。这项工作支持的人虽多，但也有拒绝的人，因为要收集身份信息，有些人不愿意给。一件大家都认为很好的事，却也有

人不支持，不知道那些人是怎么想的。

4. 终极印象

服务大众、大众认可才是真的好。渭水桥村农家书屋正在朝这方面发展，管理员的服务得到了很多村民的认可，在全区的农家书屋中也是佼佼者。

小结：瓜沥镇的这两处农家书屋作为全区农家书屋的代表，它们有着不同的特点与环境，为其他农家书屋的良好发展引导了方向。但好归好，也有一些需要改进的地方。横埂头村农家书屋在对活动的组织与整档方面需做实。渭水桥村农家书屋可以把少儿区再扩大一些，以同时接纳更多的孩子。

初印象

进入南阳赭东村，新农村建设的踪迹随处可见。不禁要感叹现在村民生活条件与幸福指数那叫一个飙升，内心除了羡慕还有感恩。

据南阳街道文化站工作人员介绍，村里以2008年机场二期征迁为契机，建起了新型住宅小区，现今已有608户村民住进了小区。这里良好的人文环境已经成为南阳的骄傲，去年被评为杭州市“十大美丽家园”。

在家园建设的背景下，精神文化阵地日益完善。

南阳在老底子的历史与文化的浸淫下，这个大家园中的村民对文化生活的喜爱与参与度可以说是极其积极并乐在其中，村里的文化艺术体育活动中心是村民们最好的聚会场所，健身厅、发展成就廊、多功能厅、农家书屋、道德讲堂，样样俱全。

“悦”读“悦”生活的大家园

——南阳街道赭东村农家书屋走访记

© 萧山日报社　杨颖

位于钱塘江南岸、萧山区东北的南阳街道，历史上是有很多故事的。据《志书》记载，春秋末期，曾在南阳街道境内的白虎山建有“百尺楼”，并有了集市。南阳古时属盐官县（今海宁市），史称“南沙”。

随着江道北移，南阳曾沦为海门，后又北移，淤涨成沙地，1745年，高氏兄弟惠南、惠阳来草塘开店，而后更名为南阳。

悠远的历史是南阳传统文化中不可多得的精神瑰宝。

如今的南阳虽以钱江涌潮闻名，但除此之外还藏着无数美景和故事：李白醉作《横江词》，唐伯虎陶醉听月楼，戚继光斗潮灭倭寇，曾经的“赭山十景”更是被作为名胜记录在《钦定四库全书》中……

南阳境内还有镇海殿、白马庙、甘露禅院、梵音洞、月下老人洞、戍城遗址等一大批景点可供游览观赏。

这些都足以说明，南阳的村民在骨子里与文化是亲近的、交织为一体的。

近年来，南阳街道把保障和改善“文化民生”放在更加突出的位置，充分挖掘优秀传统文化，推动群众文化艺术全面发展，全面提升群众的精神文化素养，提高群众幸福指数和满意度，文化事业不断蓬勃发展。如今，乐声悠扬、舞姿翩跹，南阳大地的每一寸土地都散发着浓郁的地域气息和文化芳香。

据介绍，南阳街道现今已实现农家书屋村村覆盖，为街道的每户家庭免费办理借书证，目前共计办理8 094本，在全区率先实现“一户一张借书证”，让村民享受到“一卡在手，借遍萧山”的便捷服务，充分挖掘了农家书屋的功效，引导群众多读书、读好书，形成了全民阅读的浓厚氛围。

赭东村的农村文化大礼堂在2013年正式挂牌。在这里，综合培训、图书阅览、“春泥计划”活动、体育健身等一应俱全，室外的艺术长廊记录着本村的民俗、发展成就等。

为丰富阅读的内容，赭东村还结合“春泥计划”，组织未成年人到农家书屋参加“好书天天读”活动，开展全街道读书征文活动。

在村里，村民除了喜欢在村里的小区广场上玩球、跳舞、散步聊天外，也喜欢走进村里的数字影院，那里有免费电影可供观看。村民李师傅今年70多岁，他说家门口就有这么一家电影院挺好的，每天下午这里还放越剧或者别的节目，年纪大的人都很喜欢。数字影院不仅受到了本村村民的欢迎，还吸引了不少外来务工人员。

赭东村宣传委员高利平告诉我们：“村民有要求，我们都尽量满足。除了农家书屋，我们的多功能厅每天开放，想看电影的就去多功能厅。根据喜好，村民还自觉形成了下午老年场、晚上青年场的分批，我们记录播放的台账都厚厚几本了呢。”

农家书屋的管理员陈婉美告诉我，赭东村农家书屋的阅读空间近80平方米，馆藏已有近7 000册，2013年全年借阅量达到3 000多册。

陈婉美早前是村里的村干部，现在退休后闲不住，就当了农家书屋的管理员，这一管就是两年。一听说有文化体育艺术活动中心要开办，她也欣然要求帮村民做点实事，不管是农家书屋还是村委会的活动，她都一如既往地像操持家务一样操办着这些事情。

根据村民的需求，农家书屋保证每周3天全天候开放，每周二、四、六陈大姐在新建的文化艺术体育活动中心工作，而其他时间会在村委会里工作。在与村干

部商讨后，不定期地举行读书会、元宵喜乐会、智力急转弯等活动。

陈大姐说，每周六人流量最集中，平时村里的小孩子放学后都会跑到图书室。“有些邻村或同校的孩子从不同村的农家书屋借来了书，然后孩子们再互相交换阅读再分别归还，因为我们本身也是可以相互流通借阅归还的。书在孩子之间流通，这也是很意思的现象。”眼下马上就放暑假了，这里的孩子就会把这里变成小教室。

每个来借阅书籍的村民，总会与陈大姐唠唠嗑，孩子们就像她自己的孙子孙女一样，哪怕是新南阳人，待久了也自然而然地成为了一家人。

这种通过文化的融合，某种意义上就正好展示了什么叫“和谐”。

近年来，村民们通过萧山与邻村之间图书的交换互通，馆内的书籍也日益增多与丰富。陈大姐说村民通常偏爱借阅烹饪、健康等生活类书籍，而学生们则偏爱作文、文学类书籍。“其实文化与书籍也需要接地气，在村民中，往往接近生活与学习的书籍是他们最受欢迎的。”

高利平说：“去年开展‘春泥计划’活动时，针对3年级到5年级的学生搞了一个智力活动。活动中孩子们的表现不一，借书多看书多的孩子回答问题的准确率更高一些。多阅读确实大有益处。”

她还告诉我们，在去年“美丽家园”的征文活动中，有好多学生的文章都“跳”了出来，他们书写出了一篇篇真情实感的文章，让人产生不少共鸣。

后记：以小见大，一个精神大家园

作为被贴上“80后”标签的我，对农村的记忆要从小时候南片的爷爷家说起，茅谭江里消暑，秋收后在麦堆里玩捉迷藏，轻摇蒲扇抬头数星星。

爷爷每天晚归时可以从背兜里变出戏法儿，昨天是小虾，今天是小鳖，明天是小泥鳅。

只记得当时村里的宣传就靠喇叭，喇叭里只是播播戏曲、新闻或音乐。现今的变化天翻地覆，精神文化传播的载体越来越多，内容也越来越丰富，广播、电视、电影、送戏下乡、跳排舞、电影文化节、运动比赛等一系列活动，那叫一个丰富。

这次，跑了几个平时比较少去的镇街，南阳街道是让我体会较深的一处。村民文化阵地做得实不实在、好不好，其实与文化底蕴有着极大的联系，也与村干部的重视程度有着直接的关系。

高利平告诉我，农家书屋除了刷图书卡记录着阅读量之外，台账的记事本也本本珍藏，多功能厅自打2012年开放起播放记录的台账存档了厚厚的两本。在图书室与多功能厅，不仅能经常见到本地的村民，还吸引了新南阳人。

文化与精神不仅仅可以传播，而且会互相吸引与指引。

这样一个其乐融融幸福美满的村子，也是以小见大的好例子。

内心温暖，而且我为他们高兴。

我爱我家

美丽乡村图书馆员

——记河上镇三联村图书分馆管理员朱桂琴

© 杭州市萧山图书馆 庞晓敏

沿着弯弯曲曲的村道，走进这个群山怀抱的山村，只见溪水潺潺，群山苍翠，民居沿山脚而建，好似一幅清丽飘逸的水墨画，这就是河上镇三联村。河上镇5万多亩林地，三联村独占五分之一。这里山好水好，苍坞水库承接雨露，凤坞溪穿村而过。三联村图书分馆设在庚青自然村，朱桂琴是三联村农家书屋的图书管理员。

个子高挑，戴一副红框眼镜，笑声爽朗，热情健谈，初次见面朱桂琴就给我留下了深刻的印象。她是三联村大坞自然村村民，却居住在河上镇街上，来图书分馆要骑半小时自行车。朱桂琴说："不要紧的，不远的，我喜欢图书管理员这个工作，管好图书馆是我的责任。"

这份热爱来自于她对工作的执着和坚持。因为热爱，她放弃了年薪6万在杭州万成服装有限公司做行政主管的工作，来到农村图书馆这个舞台；因为热爱，她不计较乡村图书管理员薪水微薄，兢兢业业地做着图书管理工作。

由于三联村村民居住分散，按规定三联村图书分馆每周二、四、六、日开放，但朱桂琴在其他日子也开放分馆。她说每一个来图书馆的人，如果当天只看了一半，一定会念念不忘书本后续的精彩，不能让热爱知识的人多等日子。所以在三联村的图书馆总是能看见她忙碌的身影，而三联村的图书馆也总是那么一尘不染。每天，她总是提前准备好茶水，耐心对待每一个读者，为他们打造一个安静、整洁的环境。她还细心准备了老花镜，方便来图书馆的老年人。还会提醒时间和冷暖，告诉老年人要及时回家吃饭添衣。她还组织村里的老年人去北京旅游，她自费陪同。旅游分两批出发，她也自费了两次。说到这事，她笑眯眯地说："人家都说我傻，但我要陪他们的，他们对我这么信任，我要

对他们负责的呀。我喜欢这个工作，我愿意的，我家人也很支持我的，我是有嘎傻的啦。”说完，她又爽朗地笑了。

作为图书管理员兼村级宣传文化员，依托图书分馆这个场所，她为三联村村民组织了各种文化活动。“姐姐妹妹包粽子”比赛、“花甲之年找童年”、“相邻节联欢晚会”、“三联村茶园寻宝记”等一系列活动，丰富了村民的精神文化生活。她更是发挥自己的特长，组织了排舞队、合唱队、健身队、秧歌队、大鼓队、模特队、登山队等，通过参加各类娱乐健身活动，带动更多的三联村村民热爱健身，热爱文化活动。在寒暑假，她带着自己的大学生儿子来免费为孩子们辅导作业，经常会为解答题目而忘记下班时间。组织“三联村小朋友速记比赛”“读书会”等少儿活动，来增加小朋友们的课外知识，培训他们的阅读兴趣。因此，很多小朋友都喜欢来图书馆学习、交流。她总是告诉热爱读书的人要珍惜现在的机会。

朱桂琴对图书事业的热爱超出我们的想象，朴实的话语和“傻气”的行动都折射出她美丽的心灵。图书馆分馆的建设为村民享受公共均等的文化服务提供了极大的便利。也正是有了朱桂琴这样美丽的乡村图书管理员，才让这个便利得以实现。

陶醉在戏曲世界的文化宣传员

——记城厢街道杜湖村农家书屋管理员赵原根

◎ 杭州市萧山图书馆　徐草

“读书声里是我家”课题组采风小分队的汽车刚停靠在城厢街道杜湖村社区门口，村农家书屋管理员赵原根老师就迎了上来。赵老师体态轻盈、身材高挑、不胖不瘦，酷爱越剧的他要自己不说，我们根本想不到他已是五十开外的年纪。

书屋设在二楼村委会议室的里间，面积100平方米，有十多张阅览桌。沿墙的铁制上锁书柜里装满了图书，赵老师说有将近3 000册。这里离萧山总馆较近，村民一般除了偶尔来借阅下常用的几本工具书，其他差不多都到总馆去借。书屋专门有一个书柜来放置还掉的书籍。这个办法很好，要借就自己去种类繁多的总馆找，看完直接还到书屋。这样的话随时可以再到总馆去借，不至于随身带着要还的书，方便快捷。另外，村级书屋做法灵活，比如村民临时想借本书，但没办过借书证，便来找赵老师商量。赵老师用自己的借书证去萧山馆为他借来，在登记本上记录书名、借者姓名、电话号码。这样的做法深得民心。对赵老师来说，不管自己的书屋来多少人，也不管村民借阅量多少，只要村民有需要，他做好服务便是快乐。

作为村里的文化宣传员，管理农家书屋是赵原根老师的工作内容之一。农家书屋每周二、四、六下午、晚上常年开放，寒暑假则会延长到一周开放五六天。因为对越剧喜爱到了入迷的程度，没特别的事，赵老师几乎每天晚上都会不定时地来书屋转转，打开浙江网络图书馆，观赏事先下载的戏曲剧目。村民看到灯光亮起，也会上来翻翻报纸，或者与他共享曲目。在采访现场，赵老师直接点播了他的越剧节目，一边播放着越剧，一边与我们交谈，时不时还要与我们分享戚派、王派的特别，感慨男生只有赵志刚才唱得好，自己作为男性也只是听的份，尽管熟悉每部戏每句台词，但不敢上台亮嗓。相比同为越剧迷的我老妈，赵老师

的陶醉度是有过之而无不及的，我妈在老年大学里唯一选的课程就是越剧，而且每年期末必浅唱低吟与老姐妹大PK，但平日里不会如此这般沉醉……

赵老师全年要举办三四次文化活动，大多是组织剧团上演各类曲目。因为经费有限，村里也只能提供场地，搭台之类全是票友们自发上阵，演出深受村民追捧，赵老师自然更是开心满怀，无怨无悔。他说，身为宣传一员，我工作时根本不会考虑我的收入状况，只要村民有需要，总会尽我所能。赵老师为此被评为“2012年度萧山区村级宣传员文化员先进个人”“杭州市优秀农家书屋管理员”等。

基层文化宣传员的工作是辛苦的，他们总是在一线默默无闻地奉献着自己的点点滴滴。赵原根老师是全区481名宣传员中的一员，他用朴实的言行诠释了自己对文化事业的热爱，也把爱播撒在萧山大地上。

开心的人不会老

——楼家塔村分馆管理员彭伟珍小记

◎ 杭州市萧山图书馆　傅亚珍

位于萧山区南端的楼塔镇素有“文化之乡”之称。作为区图书馆公共服务体系建设的重要部分，楼塔镇积极完善了相关农家书屋、村级分馆的建设。2011年10月建立的楼家塔村分馆就是其中之一。作为楼塔镇的集镇中心村、区级文化村，楼家塔村非常重视本村的文体建设。而萧山图书馆楼家塔村分馆则可以说是楼家塔村文体中心的重要组成部分，也在丰富村民业余文化生活方面发挥了比较大的作用。作为村级图书分馆，图书管理员在发挥分馆实际作用方面有着决定性的作用。彭伟珍，这个有着农村人最淳朴笑容的楼家塔村人就是楼家塔村分馆的“掌门人”。

她个子不高，一头浓密粗黑的齐耳短发，五官清秀，不说话也带着盈盈笑意。“来做我们村的图书管理员真的是缘分，之前一点都没想到。”她说，自己虽然是土生土长的楼塔人，但年轻的时候一直在云南昆明做个体生意，一直到2010年前后才慢慢把生活重心重新安排回楼塔。2011年，村里和萧山图书馆开始筹建楼家塔村分馆，急需找一个空闲时间较多、懂基本的电脑操作、有一定组织能力的人来担任分馆管理员。彼时，彭伟珍一手从无到有筹建起来的楼家塔村跳舞队开始崭露头角，正渐渐成为楼家塔村文化活动的主力军。村领导看中了彭伟珍的热心肠和组织能力，希望彭大姐能够兼任起图书馆分馆的管理工作。

说起自己与分馆结缘的过程，彭伟珍一脸兴奋：“村领导来找我谈的时候，我既兴奋又有点担心。兴奋的是村里这么信任我。我向来也比较喜欢看书，特别是年轻的时候，现在年纪大了，眼睛有点吃不消才少看一点。当图书管理员对我来说不仅是工作，也是兴趣爱好的一种放大，还可以帮助我们村其他人培养这种爱好。担心的是自己技能不够，之前也没有做过相关的工作，会不会不能胜任这个工作。”彭大姐的担

心在得到村领导和萧山图书馆相关负责人的释疑后变成了放心，她也顺利地走马上任了。“果然，我当上管理员没多久，就参加了萧山图书馆举办的分馆业务培训班，这不仅加强了我的业务操作能力，还让我懂了很多相关的理论知识，比如图书馆对社会的意义、村级分馆对活跃农村文化的意义，还有图书馆自动化、数字资源的使用等。之后我也陆续参加了好几次这样的培训班。”彭伟珍现在说起自己的业务已经头头是道了，再也不见当初她所说的那几分担忧与怯怯。

要办好分馆，让村级分馆真正起到作用、起好作用，彭伟珍知道光靠培训还有书本上的知识是不够的，如何因地制宜、因人而异也十分重要。而后者，需要彭伟珍更加花心思去摸索钻研。

首先是开放时间的问题。一开始，楼家塔村分馆把开放时间定在白天。但不久彭伟珍就发现，白天来分馆的人非常少，因为一般工作日白天村民大多都需要上班或劳作，孩子们也需要上学，村民都没有“闲情逸致”来图书分馆。“晚上就不一样了，因为我们分馆紧邻村里的文体中心，门口就有一个小公园。这里一到晚上就很热闹，来跳广场舞的，来聊天散步的，还有来玩的小孩子。我就想能不能把开放时间调整到晚上，让分馆能够有比较大的人流量，让大家觉得来这里转转也是茶余饭后的一项放松活动。一开始的尝试得到了村民们的支持，所以我们现在基本上把分馆的开放时间固定在晚上6点到8点。这个时候大家基本上都吃完饭，来文体中心这边放松一下，来图书室翻翻书、看看杂志也已经成为好些村民饭后的固定项目了。”彭伟珍还说，“现在每天基本上都有十几或二十几人来图书室看书，别看人数不多，但我们村常住人口一共只有2 000多人，而且现在网络、电视这么发达，能够达到这样的服务比例，说明我们的图书分馆还是发挥了一定作用的。”虽然村里的图书分馆有固定的开放时间，但彭伟珍也尽可能地为村民们提供便利，如果乡亲们有特殊需要，给她打个电话她就可以随时为他们提供借阅服务：“村级分馆图书资源虽然没有总馆那么丰富，但是在为我们农村人服务上还是有特别方便的优势，我就要尽力发挥这种优势。”

解决了开放时间的问题，彭伟珍又发现了一个有趣的现象，那就是来图书室看书和借阅的主要是村里的小孩和已婚妇女。能不能针对这两个很有特点的阅读人群多设置一些特色书籍呢？比如孩子们就对儿童读物、文学名著、教辅资料等比较感兴趣，而村里的妇女就对家庭保健特别是妇科卫生保健等方面的图书特别感兴趣。彭伟珍根据自己的观察和总结，先整理了分馆已有的书籍，又与萧山图书

馆的相关负责人进行了沟通，在后续的书籍流通中重点订阅了这几方面的图书，建起了专门的“妇女儿童读书角”。彭伟珍说：“这个读书角建立起来以后，不光方便了大家查找自己感兴趣的书，也提供了村里人互相交流的一个机会。比如说，我们村里好多和我同龄或者比我再小点的妇女都到了更年期前后，大家都很关心怎么进行这个阶段的自我保健。你也知道，农村人，我们这个年纪的，有些人不太认识字，有些人虽然认识字，但是眼睛不太好也不愿意看书了。我们几个还看得进去书的就会自己看了相关的书，然后把觉得有道理的经验方法告诉周围的七大姑八大姨。特别是我们舞蹈队里面的小姐妹们，对分享这方面的信息都很积极。”

一说起她一手带出来的舞蹈队，彭伟珍一脸自豪：“我2004年左右开始从昆明回楼塔常住，那时候我们萧山这边跳广场舞的还不多，我把从昆明学来的舞跳给一些要好的小姐妹看，有人就让我教她们跳。一开始大家还有点不好意思，后来学的人越来越多，大家都说我教得好，慢慢地我们舞蹈队就自然而然形成了。后来，我们队代表村里、镇里参加了好几次比赛，都得了奖，大家的干劲就更足了。跳舞不仅能锻炼身体，也能让大家心情愉快。”舞蹈队的出色表现展示了彭伟珍出众的组织活动能力，这不仅让她与图书分馆结缘，舞蹈队小姐妹的支持也为她之后的图书分馆管理员工作提供了很多帮助。图书分馆丰富了村民的业余文化生活，这不仅体现在图书借阅服务上，还有就是依托图书分馆开展的一系列活动。比如，彭伟珍利用分馆的图书、场地、读者资源与舞蹈队、后期组织起来的腰鼓队、村里的“妇女之家”还有镇中心小学和初中的班级一起组织一些活动，或者为这些活动提供便利。除了前面讲到的妇女保健知识分享会，她还组织过故事会，邀请村里的大学生给小读者们讲述童话故事、成语故事，还有大学生活趣事等。“这个活动很受孩子和家长的欢迎，大学生是我们村里的骄傲，我们图书分馆能够给孩子们提供和榜样认识交流的机会是很有意义的，希望我们村里能够培养出更多大学生。”说起读书，彭伟珍也联想到了自己上学那会儿：“你知道我们那会儿正赶上‘文革’，别说好好上学了，连像样的书都没有几本可读。这可以说是我们那一代人的遗憾，所以我现在看到爱看书的孩子总是特别喜欢，我自己能够给大家看书提供一点便利也是我的光荣。”

分馆工作的待遇当然比不上全职的工种，舞蹈队则没有固定收入，有时候还得彭伟珍自己贴钱添置设备。但彭伟珍很珍惜自己在村里舞蹈队领队和图书分馆管理员的工作：“说实话，我们年轻的时候也赚过钱了，现在在村里能够有这样的位置，让我

做一点事情，我真的很开心。去年我们家老头子让我回昆明帮忙，我也没去，就是觉得这里，特别是分馆离不开人。到我们这个年纪，活得轻松快乐我觉得是比多赚些钱来得要紧。我今年已经58岁了，但我觉得一点都不老。你瞧，我们每天跳跳舞、看看书，自己给自己找不少乐子。楼塔这边自然环境又这么好，真的是享受生活啊。”说到最后，爱笑的彭大姐忍不住又咧开了嘴，她朴实的话语让人感受到时间和阅历沉淀之后的人生大智慧。我们也有理由相信，像彭伟珍大姐这样开心的人真的不会老，因为他们有追求，有希望。

公共文化服务体系的进步和完善体现了一个社会的进步和发展。图书馆公共服务连锁体系的建设把广大农村纳入到公共文化服务体系之中，为提升农民素质、推进社会主义新农村建设切实贡献了一份力量。我想，为更多的人提供更丰富更精彩的精神文化生活，让更多的人开心愉悦、享受生活，就是包括图书馆在内的公共文化服务的最大追求吧！

人生最宝贵的教科书

——我的小学老师

◎ 杭州市萧山区文广新局 戚成梁

感谢微信，好多小学同学又联系上，大家聊得火热，找出小学时代的照片。我发言不多，却想起了好多好多小时候的事情，想起了陈老师。

勇建小学是一所村小，常常外面下大雨，教室里就下小雨，教室是泥地，被板凳压出一个个小团汪，有点积水的话，我们通常坐着坐着就不由自主地就摇凳子，让凳脚与水发出噗噗的声音。桌子下面放东西的搁板空缺的居多，我们就用绳子前后绑起来放书包。有时候，课上着上着，会因某个同学的凳脚拐一下倒地引发哄堂大笑。有些上课本来就坐不牢的同学看似坐着，其实练的是马步基本功。印象中刚入学的时候学校连图书室也没有（像现在这样村村都有图书室在当时是无法想象的），后来学校为了建个图书室，除了购置很少一部分新书外，鼓励我们每个学生把自己看过的旧书捐献出来。同学们各显神通，有捐《葫芦娃》《哪吒闹海》等连环画的，有捐《365夜故事》的，有捐《毛主席语录》的，有些小朋友实在拿不出书甚至捐作业练习本表示一下心意……记得我捐了一本《雷锋日记》，还受到了陈老师的肯定。工作以后有一次参加志愿者活动的时候，我突然想到倡导知识因传播而美丽的“图书漂流”也许就应该是这样的。有人说历史在不断前进中总在不断重复，其实每个人的一生很多事情也是一样的前后铺垫、呼应、轮回。

陈老师是诸暨人，其先生也是老师，在衙前教书，陈老师就住在衙前，早上从衙前走路到坎山，下午放学后给我们批改完作业再从学校走路回衙前，风雨无阻。陈老师教了一辈子书，把一批学生从小学一年级带到六年级，然后又从一年级开始带新学生，周而复始。因此，陈老师做了我6年班主任，教了我6年语文、3年数学、若干年的思想政治和自然科学。

大致是小学四年级的时候，语文课开始有了写作文的内容，我记得写的第一篇文章是《洗手帕》。我开始受到陈老师的特别关注，一次家访的时候，陈老师对爸爸说："你们要好好培养这个孩子，别的小朋友写洗手帕大部分写的是洗手帕的过程——端来一盆水、擦肥皂、出水、晾晒；有些会写到妈妈上班辛苦，帮助她洗手帕；就你家的，写的是'秋天到了，冷空气来了，很多人不小心患上了感冒，手帕成了人们口袋中的必备物品……'"之前父母的同事老跟他们提起：你们怎么让孩子读这个学校啊，影响孩子学习的，稍微开个后门，早点转到中心小学去吧。自此之后，转学的念头被彻底打消了。

后来我的作文本上有些句子下面会画有红色的小圈圈，有时老师还会在课堂上读我文章中的句子，文章也会时不时地出现在学校的黑板报上。我成为文娱演出的骨干，参加全镇演讲比赛，补选为副班长，成为学校的升国旗手。有次我看到一篇写得特别对应和工整的文章（大约是"春天：春暖花开、春色满园、春意盎然、春雨如油；夏天：烈日炎炎、百花争艳、骄阳似火、电闪雷鸣；秋天：秋高气爽、秋风习习、硕果累累、天高云淡；冬天：白雪皑皑、寒冬腊月、寒风刺骨、冰天雪地……"之类的），感觉写得真好，就将其抄在周记本上作为作业上交了，陈老师批了个"阅"字。第二周，我写了篇家里种的仙人掌开花的文章，陈老师跟我说："你这篇文章写得很一般，但是比上周的那篇要好，写文章要写自己脑子里的东西，要真，好的文章不一定是华丽的。"后来，我觉得也许好的人生和好的文章也是一样的。

就在我像航天员那样"我已出舱、感觉良好"的时候，班级安排了一次剥毛豆比赛，我现在已经不记得是进行了多长时间，也许是两节课，也许是半天，甚至也许是一整天，反正我的感觉是极其漫长。由于父母是国有企业双职工，平常吃饭基本在物美价廉又方便的单位食堂，双休日买菜做饭也基本不要我帮忙，这次我惨了：别人手一按，豆荚一开，两三颗豆就出来了，我怎么也弄不好，我就把豆的一个角撕下来，半边也就拉开了，然后再把豆荚剥开，明显我每剥一次都比别人要慢一点……随着时间推移，我和小伙伴们的差距越来越大，越想越难受，忍不住泪眼朦胧。这时陈老师坐到我旁边来，帮我剥了一些，轻轻地说："男孩子也太不坚强了，以后要多帮父母做家务。"最后还有一个对剥毛豆的成果进行称重的环节，尽管有老师帮我剥了一会儿，我还是以三斤零一点的成绩排名全班倒数第一，第一名的女孩子剥了五斤多，奖励硬皮

笔记本一个。很多年后，对小学时代的女同学除了高中、大学继续读书的（那时的升学率并不高），其他基本都忘记了，但是这个不起眼的女同学剥毛豆被奖励时的样子我一直都记着。

陈老师也不是完美的，后来不知是初中或是高中的英语书中有一篇课文，说的是老师对不同学生发挥的不同作用之类，讲到老师的偏心，结论是：老师会偏向学习好的学生，而其实学习中下的学生才恰恰最需要受到老师的鼓励和关注。说到老师的偏心，我就会想到下面这件事。我很少与人打架（其实低年级时是别人一打我，我就哭了，根本难以形成打架的场面），而打架打到滚在地上的，印象中就这么一次。具体什么起因我忘记了，但是是我不对在先的印象一直留着。在好事小伙伴口中发着救护车声音，张开双手，以S形跑进老师办公室报告后，我和打架的同学就灰头土脸地低头站在了老师面前。了解情况后，陈老师用手掸了掸我身上的泥，却没有给那个同学掸，然后说你们回去上课吧。尽管老师偏向我，我后来始终觉得老师的处理是不公正的。后来，上了初中、高中后，和同学互吹小时候自己如何优秀，我说“你们作为学生如果生病了，有老师拎着水果到你家里来看你的经历吗？我有。”他们就都不想跟我聊天了。

但是说到偏心和关爱，陈老师给予最多的还不是我。有位小伙伴的妈妈不是本地人，据说在我们当地嫁人生子后，因家庭条件差，受不了就走掉了。这个小伙伴学习不好，但其他方面相当聪明，小时候来我家玩，我爸妈说过这孩子也许是块大料，可惜落在这样的家庭环境中。记得有一年夏天他戴了个帽子来上学，后来被发现原来是剃了个光头，大家都去摸他的头。上课后，他老是开小差，老师就让他到教室外面站一站。然后老师对我们说，他是因为家里卫生条件不好，头上长虱子，所以才剃了个光头，大家不要去笑话他。好几次交学费的时候，他父亲都说不想让他读书了，陈老师一次次家访，提出没钱交学费可以先由老师垫着，他父亲就开不了口了，一直到小学毕业。初中未上他就辍学开始混社会，有次我们中午在教室休息，他进来说“我来看看你”，很拽地在教室里走了一大圈，然后把教室黑板上方的八个大字“敏而好学，不耻下问”念成了“敏而好学，不敢下问”，有几个同学偷笑说改得太妙了，我一点也没有想笑的感觉，就觉得他还是挺想读书的。后来偶有碰到，他都主动热情地跟我招呼，但是一直没有坐下来细细聊过。据说他现在很有钱，有些人说是靠放高利贷或其他不正来路挣的钱。不管别人怎么评价，我对他

的印象永远留在小时候，一直觉得有陈老师像妈妈一样给他关爱，补上了家庭教育的缺口，我坚信他是成不了很坏很坏的人的，因为他内心的角落里保留有一份温暖的爱和善。

还有一件事情印象比较深刻的是偷桃子。一次我和另外3个男同学周末去山上游玩，山脚下有一片桃林，我们看没人，就决定品尝一下桃子的味道。我现在对当时的印象感觉特像《西游记》中孙悟空在蟠桃园，我摘了一个咬了一口，说，嗯，这个不太甜（应该是属于蟠桃园中长了3 000年的那种），然后就扔在地上，继续摘一个，咬一口，嗯，这个还不错（长了6 000年的），突然发现一个更红的（长了9 000年的），然后又把手上的扔了。一看小伙伴，有个比我更夸张，居然都爬到树上去了！应该是动静搞得太大，被主人发现了。我和其中一位小伙伴眼疾腿快，分东西两侧逃跑，另外两个被当场抓住了，特别是在树上的那位，爬下来哪里还来得及逃啊？周一上学，一到教室，我就被老师叫到办公室，桃林的男女主人在等着我们呢。我又进入了《西游记》的场景中，女主人给我的感觉就是：你这泼猴，偷吃我的人参果也就算了，居然还把我的神树推倒！你还我人参果树来！陈老师一直没发话，办公室其他老师有几个在说，大致意思是你们都是成绩好的学生，这次真是丢学校的脸丢大了。最后让我们每人赔10元钱。我内心庆幸还好不用叫父母，回家偷偷把汾酒瓶上插的塑料花拿掉，倒出我藏在瓶中唯一的一张10元纸币，那是压岁钱中父母不知道的一笔。第二天我们去老师办公室交钱，老师从头到尾没有说一句严厉批评的话，说桃树主人每人只收5元钱，但她有一句很有经济学道理的话让我一直记到现在：“5块钱能买多少斤桃子啊，都回去呗呗看（比比）吧！”

记得一次陈老师上课的时候拿了一个在当时看来很先进的玩意：一支可以书写的笔，笔的另一端可以拉成一根教鞭，说是以前的学生送的，似乎是很满意这样的礼物。当时我就想以后我也要送件老师喜欢的礼物。毕业后，一次几个同学商量着去看望老师，爸爸让我把他钓的鲫鱼送去。我说太不隆重了，爸说送东西关键是看情义，不是看价值，而且大大小小的鱼都有，说明你不是市场上买的。我就拎了一个水桶从坎山倒了一次公交车（一路上老怕鱼死掉，一直给水桶上扇风）到陈老师在萧山的家中，陈老师很开心（后来我狠狠地表扬了一下老爸）。记得当时她还跟我聊了《三国演义》。也就是在那次，我看到了陈老师那躺在床上患有肌肉萎缩症的儿子，他们曾带他到处求医，却一次次被告知是不治之症，只能看着他一天比一天衰弱下去。后来，我也去过几次，一直没有见到她儿子，

当时也没多想，直到我结婚后去老师家还贺礼，我猛然想到家里就二老，像她儿子以前就生活不能自理了，现在如果还在的话，肯定不会让他单独待着啊，应该是已经走了甚或已经走了很多年了，但我始终没有问出口，不管怎样坚强乐观，这对一位母亲来说真是生命中不可承受的痛。

一位老师让人记住的话往往不是来自课堂，而是日常。陈老师给了我自信，也给了我挫折，让我能坦然面对成功和失败，教会了我善良、平等、坚强、尊严和爱，她的话就像我心中的一盏小橘灯，照亮着我，温暖着我，让我把人生的每一步都能走得更加踏实而坚定。

写作后来基本被我荒废了，我想假如当年村村都有图书分馆的话，我们的课外书就不会这么贫乏。当然，我能读到陈老师这本宝贵的书，已是我一生的财富。

品味『书屋』

好雨知时节，当春乃发生

——写在萧山区公共图书馆服务连锁体系建设一周年之际

◎ 杭州市萧山图书馆　李关春

萧山区公共图书馆服务连锁体系作为区委宣传部“种文化”工程重点实施的三项工程之一，旨在进一步健全公共文化共享服务体系，保障公民的基本文化权益，建造与城市发展相适应、相配套的公共服务体系，真正实现公共图书资源在全区范围内“通借通还，资源共享”的目标。该体系的建设能够让萧山每一个角落的农民都和城区居民一样享受到优质、高效、便捷的公共图书馆服务，真正做到普遍均等，惠及全民，实现城乡一体化，从而达到提高全区人民的道德水平和文化素质，促进全区经济发展和社会进步，实现物质文明、政治文明和精神文明协调发展的目的。

该体系建设从2008年7月开始铺开，至今已建成9个支馆、145个分馆及70个馆外流通点。为肯定成绩、总结经验，我馆于12月22日召开了“萧山区公共图书馆服务连锁体系建设座谈会”，召集了全区各镇、街道文化干部参加。

会上，萧山图书馆朱军华书记总结了目前萧山区公共图书馆服务连锁体系的建设情况。与会代表们一致肯定了萧山图书馆一年来的工作，认为连锁体系建设是一项政府工程、民生工程、实事工程。一是惠民便民，体现在经费采用分级投入的办法，宣传部和萧山图书馆承担了大部分费用；实现一镇一支馆、一村一分馆城乡全覆盖，实行“免费看、免费借、免费办证”的“三免”政策；借阅方式采用计算机联网管理，全区范围内所有的图书馆之间实现“通借通还”，做到“一卡在手，借遍萧山”。二是服务优质，体现在统一采购，保证图书质量；统一培训，保证队伍素质；统一基本条件，规定了藏书量、报刊量、座位数、服务时间及基本设施等。三是可行性强，体现在“造得起”，用三年时间分步推进，操作性强；“养得起”，图书馆承担大量经费，能够保证图书馆建成后的正常运转。四是资源共享，体现在系统中所有

图书资源和电子书库中的大量数字化资源都能实现共享。

大家各抒己见，畅所欲言，就如何解决开馆容易管理难的现状达成了共识：由萧山图书馆制定《萧山区公共图书馆服务连锁体系手册》，统一连锁体系建设的申办程序、建设标准、图书物流、业务培训、活动开展以及业务考核等流程。管理上实行三级联动，即萧山图书馆管理镇支馆，镇支馆管理村分馆，管理内容包括办证、换书及咨询等。各镇村的分馆遇到问题向镇支馆反映，镇支馆能解决的就地解决，不能解决的由镇支馆向萧山图书馆汇报后再行处理。

随后，我馆于12月24日召开萧山区图书馆学会年会，来自全区各支（分）馆及馆外流通点的200多人齐聚一堂，再商分馆建设对策。孙勤馆长强调要高度重视公共图书馆在社会中的作用，并对支（分）馆工作提出了四点意见：一是图书馆要服务于百姓，二是要加强公共图书馆对外服务能力，三要探索研究服务的途径和模式，四要积极创造条件促进图书馆业务发展。

年会还公布了2009年萧山区图书馆学会考核结果并举行了授牌仪式。其中中国人民解放军73051部队农副业基地、73021部队农副业基地、92418部队与萧山区社会福利中心等单位被评为"优秀馆外流通点"，义桥镇云峰村分馆、临浦镇詹家埭社区分馆、南阳镇坞里村分馆、戴村镇沈村分馆、党湾镇曙光村分馆、戴村镇三头村分馆等被评为优秀分馆。

好雨知时节，当春乃发生。萧山区公共图书馆连锁服务体系建设凝聚了图书馆人"润物无声"的实干精神和"源于基层"的创新睿智，体现了图书馆人"智慧与服务"的职业理念和"普惠社会"的人文情怀。这项阳光工程，功在当代，利在千秋，具有长效性和可持续发展潜力，能真正提升农村居民生活品质，意义深远。

去参观过一些乡镇、街道的农家书屋，印象各不相同。建设得好不好、人气旺不旺，靠得是当地主管部门与负责人的重视程度，当然还有百姓的意识。

许多人没有意识到阅读潜移默化的影响力，其实按专家的建议，如果有条件，可以从小培养孩子的阅读意识，最早可以从娘胎里做起，让肚子里的宝宝听听胎教音乐与有声故事。

阅读，应从小养成一种习惯

◎ 杭州市萧山图书馆 邵欢欢

古人云，开卷有益。书籍里面总有很多值得借鉴的东西，或让人增长知识，或让人开阔视野，或让人振奋精神，或让人纯净心灵。

在读书时，我们总会思考，其实这就是我们与书籍之间的互动，读书不歇，收获不断。毛泽东就曾这样总结过："有了学问，好比站在山上，可以看到很远很多的东西。没有学问，如在暗沟里走路，摸索不着，那会苦煞人。"

阅读习惯

阅读习惯的养成可以影响我们的一生，但要养成良好的阅读习惯应从小有意识、有指导的培养，并非一朝一夕就能养成的。这与家庭、家长、社会都有关联。小到个体家庭，书香门第几代人都喜欢阅读，自然阅卷无数，可出口成章，这就自然而然体现出阅读积累的惊喜与爆发力；大到社会氛围，倡导"知识就是力量"的意识，知识传递着正能量，是一项伟大的社会工程。

在这里，我特别想对家长们说，良好的阅读习惯需从孩子抓起。等孩子养成良好的阅读习惯了，形成浓厚的阅读兴趣了，就可培养孩子的思维、思想，可以发展和提高孩子的思考能力、表达能力与书面语言的理解能力了。同时还能让孩子在阅读的过程中积累各方面的知识，通过书的海洋去开阔眼界、增长见识。

虽然现在因为科技的发达，各类电脑、手机充斥，孩子们手里在把玩的大多是这些电子产品，但在乡镇、街道的农家书屋，我们会发现其实儿童与青少年书籍的流通量是最大的。

有意识的家长都会鼓励孩子多阅读甚至让孩子生活的环境中到处都充满书籍，不定期地带上孩子去去书店逛逛买买。

阅读氛围

如果说我是一个“高逼格”的家长，我也许愿意带上孩子去趟江对岸的万象城，因为那里有“Page One”（译为叶一堂）书店。“Page One”就像在台北说起书店自然联想到24小时营业的“诚品”，在上海则想到“季风”，而在萧山论规模论书种就不得不提这家店。

Page One通常开在大商城里，早前的Page One以设计类书籍为主，而后引入了更多不同种类的书籍和杂志，全面杀入精神角落和思维领域，这样自然使读者层面更广，对书店的热爱程度也是升温再升温。

经常看到家长与孩子席地而坐一起阅读，优质的阅读环境与氛围能让都市生活的节奏放慢，也能让心情更加愉悦。

阅读设施

我区现代图书馆公共服务体系初步形成以萧山图书馆为总馆，镇（街道）图书馆为支馆，村（社区）农家书屋为分馆，图书流通车为补充的地区图书馆服务网群，实现图书资源在全区范围内“通借通还，资源共享”，做到“一证在手，借遍萧山”。

全区各农家书屋的文献资源由萧山图书馆总馆统一采购，集中编目，统一调配，定期轮换。全区550家农家书屋的功能早已不再局限于图书借阅服务，它是萧山的文化信息资源共享工程基层服务点、政府信息公开基层查询点，更是当地开展宣讲活动、培训教育的一个重要阵地。

除了公立的图书馆公共服务体系，还有各街角的书报亭与散落在城市各角落的书店。

阅读背后的故事

眼下，整个社会都表现得浮躁不安。在地铁上，大家忙着刷微博刷微信、看八卦，因为无法理性的筛选，接受了太多的垃圾新闻和消息，看了太多的不良和过激的图片，在一个浮躁不安的环境，心灵和精神世界又多了一份敏感和

惶恐。

因为身处信息爆炸的年代，我们养成了一种叫作“浅阅读”的快餐式阅读习惯，大家的阅读量可能是在增加，但阅读质量却不一定能得到保证，我们又有多少人会在这个时代真正愿意把时间和精力放在一本能够净化心灵、提高精神境界的书上呢?

阅读作为一种内力，其力量是生长性的。

阅读的方式，以生长的方式变得强大。这种内力壮大的过程是看不到的，只有那颗日益聪慧的心能够感知。播种，发芽，长叶，开花，结果……阅读的力量就这样伴随着个体生命成长的全过程。因此，一种生长性的阅读力，对于个人的人生发展所产生的影响绝不是一时一事的投机，而是整体性、终身性的影响。

注解：“Page One”发源地为新加坡，始创于1983年，当时的“Page One”还是一间坐落于某购物商场、专营美术及设计书籍的小店。经过努力经营，终发展成现在具相当认同度的书店。多年来，“Page One”致力于在各地开设书店，当中包括新加坡、马来西亚、泰国以及中国。

书香满村关不住

◎ 戴村镇小 瞿伊莎

读书使人明智，科学使人深刻，凡有所学，皆成性格。现如今，社会主义新农民又是怎样的性格呢？还是鲁迅笔下的祥林嫂、闰土吗？是赵树理书中的三仙姑吗？是高晓声小说里卖油绳、买帽子、住招待所的陈奂生吗？休闲时间他们还会泡在老舍的《茶馆》里吗？

如果你还那样认为，那你就大错特错了。2008年的春天，村里建起了农家书屋，彻底改变了农民的业余生活。村民们再也不像过去农闲时那样忙着赶场，到城里或镇上买卖东西，看热闹，而是在农家书屋阅览室里“消磨”时光。这已经成为了一种新时尚。大家在那里交流着新鲜见闻，也交流着生产生活的经验，同时交流着从书上得来的新鲜知识。大家从书籍中学习礼仪，学习新的生产技术，村民的文明程度也一天比一天高了。假期里，大人孩子一起到书屋借书、读书，有时甚至在书屋一待就是一整天。

农家书屋给村民带来的最大好处，就是每个人都开始能接触新鲜的生产技术和先进的科学知识，加强了与外界的联系，以此摆脱过去闭塞的状态，从而走上致富的道路。

村里的董某某以前是个游手好闲的迂腐书生，初中文凭的他觉得自己在村里也算是个文化人，于是整天东游西荡地和人聊家长里短，时不时冒出几句“文词”，忽悠老人孩子，然后满载成就感地离开。董某某一直是村里的困难户，不工作

也不求上进，生活靠政府救济着。直到2008年的春天，农家书屋的建立改变了他的生活。

村里干部考虑到他的实际困难，经过协商，让他做了农家书屋的管理员，发挥其特长。自从做了书屋管理员之后，董某某每天风风火火，一头扎在书堆里，把书屋的书都看了遍。

后来村里引进外来投资，许多农田都被外来投资者租用，种上了苗木。一时之间，村里到处都传说着“苗木老板”的神话，每个人都想成为“苗木老板”，

包括董某某。而他毕竟也算是半个文化人，看得懂书，加上做书屋管理员的便利，于是他踏上了成为“苗木老板”的征程。一时间，他也成为了村里的一个“神话”。董某某在他家的自留田里种上了苗木，自己一边在书屋查阅资料，如《新农民》《苗木种植指南》等，一边找人按着书里的方法种植苗木。有时碰到了疑难杂症，他还会上网找资料和求助。这个迂腐书生一下子变成了“新农民”。他靠着自学种苗木，把苗木从自家地里种到了别人家地上，越种越多，越来越富，已经成了村里家喻户晓的“苗木小老板”了。他最常说的就是“要是没有这农家书屋，就没有我董某某的今天”。他还带着村里其他村民一起种苗木，把自己从书里、网上学来的知识分享给大家，带着大家一起致富。

董某某事业的大获成功，不光带动了村民种苗木致富，更重要的是让村民们认识到了文化和知识的重要性。现在村里的农家书屋每天都是人来人往、座无虚席。忙完农活，人们最重要的消遣活动就是去书屋看书，尤其是看看与农民自己息息相关的书。甚至还有很多人主动报名参加农村扫盲活动，积极提高自己的文化水平。

怀着好奇心，我也走进了农家书屋，想知道里面怎会有如此大的吸引力，让村民们不再想着家长里短，赶集买卖。走进书屋，很有走进学校图书馆的味道。管理员坐在门口，书架上整齐地摆放着各类书籍，分类很明确，农业杂志、书籍摆放在最显眼的位置。书屋旁边有一个大阅览室，阅览室里还有两台电脑，村民们可以在阅览室里看书、读报，也可以上网查资料。整个书屋洋溢着浓浓的书香，我也陶醉于这浓浓的书香中。

“知识改变命运”这句话在第一天踏进校园的时候就会有老师告诉我们，以激励我们好好学习，天天向上。而现在，知识不再是知识分子所特有的了，农民也开始用知识去改变自己的命运。人们在用知识致富的同时，人文素养也在不断提高。村里乱扔垃圾的人越来越少，环境也越来越好了，“书香满村关不住”是对村里的最好写照。

若现在有人问我“什么是你人生中最重要的”，我会说是知识。不断学习才能跟上时代的步伐以书为伴是致富的必由之路。

那些年·这些年

——一个山里娃与书结缘的经历

◎ 党湾镇第一小学　唐米

感谢当地政府建设了农家书屋和图书支馆，使得我们这些留守儿童有了新的去处。

我是一个出生在大山里的辛酸娃

在有我之前，爹娘是自由恋爱在一起的。这遭到了姥姥姥爷的强烈反对。原本一家人已经穷得揭不开锅，姥姥仗着娘稍有姿色，指望着能嫁一户好点的人家来改善生活，没想到娘一根筋地跟了比自己家更落魄的爹。这无疑是雪上加霜！虽全家人极力反对，但娘还是有了我。既然生米已煮成熟饭了，姥姥姥爷只能眼睁睁看着娘“倒贴”给爹，而唯一欢喜的就是爷爷奶奶，他们高兴得几天合不拢嘴！

我是一个成长在大山里的辛苦娃

爹娘很有骨气，在我还没过完一周岁生日时，就决心走出大山，干番大事业来给姥姥姥爷看，更重要的是，他们想给我一个更好的未来。于是，他们去远在浙江的杭州萧山打工了，而我成了名副其实的留守儿童。

后来我知道，当时爹娘没什么文化，在外干的都是一些体力活、手工活，整天没日没夜地工作，一年到头很少回家。我甚至记不得哪个是我娘，哪个是我爹。

而我自打记事起，就背着小箩筐，跟了爷爷奶奶在大山里，过着日出而作、日落而息的日子。两老把我当宝贝来养，给我吃最好的，穿最好的，但我依然会在半夜饿醒，望着窗外的星空，想着两个熟悉而又陌生的面孔。我经常会在爬上一个高坡的时候，听见裤裆低沉的撕裂声，然后听到奶奶的叹息：唉，娃又长了，可是裤子来不及长呀！

而最最让我难忘的就是，邻家差不多年龄的娃都背着自家娘用碎布拼凑而成的书包，兴奋地跑到几十里开外的小学读书，而我只是躲在爷爷背后，眼馋地目送着他们。爷爷总是安慰我："读书很苦的，每天走那么多路。再让你在家'幸福'一年吧！"听着爷爷的话，我不那么难过了，只是，心里总觉得空空的，似乎需要什么东西来塞一塞……

我是一个终于飞出大山的幸运娃

一个"月黑风高"的夜晚，我见到了又黑又瘦的爹。他一进家门就说："娘，快给收拾收拾，明天我带小米去杭州，她上学的事情拖不起了……"奶奶神色黯然："有啥好收拾的，家里能穿的都在她身上了。"爹从怀中颤颤巍巍地掏出几张大钱来，红红的，异常显眼！"你们两老要自己照顾自己了，年后叫几个老乡来把屋顶修一修……至于钱，到时我会再寄回来的……"

就这样，我随爹来到了杭州萧山。我们住的地方比起老家来"豪华"多了，我唯一不习惯的就是这地儿太窄了，一家人吃喝拉撒都在一个房间里。娘说："将就点，多读点书，以后会好的！"

我很难理解读书就可以过好日子！但是，我觉得自己很幸运，比起老家那些一天走几十里山路去上学的娃要幸运多了。

当我怀着很复杂的心情来到新学校，我简直不敢相信，这就是我的学校，我将在这里读书，在这里学习！老师很和蔼，她经常对我笑；同学很可爱，虽然年纪都比我小整整两岁，但个个都很照顾我。我结束了大山里的生活，开始了求学之路。虽然大山里自由自在、无拘无束的生活让我很怀念，但是我更喜欢在这里，因为我的脑子里不再是空荡荡的……

我是一个浸润在书香里的幸福娃

因为背井离乡，只身在外，没什么熟人相伴，我每天的生活就是两点一线：

家—学校，这条直线从未弯曲过。

我是插班生，可能是我比别的同学大，所以也特别懂事，读书特别认真，书包里先前散发出油墨清香的书，早已被我翻烂了，但我还是一遍又一遍，不厌其烦地读着、看着……如果哪位好心的同学借我一本课外书，我总是欣喜若狂，一夜之间肯定看完，如果不着急还给对方，我就会继续看第二遍、第三遍……每当夜幕降临，娘看着我还沉浸在书里，总会痴痴地看着我：“小米，是不是书里有磁铁啊？”我抬起头，狠狠地点点头：“娘，能给我买几本课外书吗？我想看《一千零一夜》《伊索寓言》《西湖民间故事》……”我像流水账一样报着一些书名。娘愕然，转而扑哧一声笑了：“会有的！”

可是，我始终觉得我的肚子空荡荡的！不是老家那种“叽里咕噜”的作怪，而是觉得有什么东西让我牵肠挂肚！

……转眼到了五年级，我已经习惯了这里的生活，我也很喜欢这里的生活，但是最最难熬的就是漫长的假期，因为我很怕孤独，没有同学陪伴，更重要的是没有书陪伴！床头那些书早就翻烂了，几乎能倒背如流。

“啊，我要孤独终老了！”暑假再次来临，我发出歇斯底里的呼求！

没想到，老师来家访了，看到我们家徒四壁的情况，竟然抽出一张卡：“喏，这是镇里图书馆的借书证，每个村里也有农家书屋，有空可以去走走看看！”

我小心翼翼地接过图书证，简直不敢相信这是真的。内心有说不出的快乐、激动！

之后的两个月中，我常常忘记了时间，忘记了世界，忘记了自己，泡在镇图书支馆和村农家书屋里，每次都被图书馆阿姨“扫地”出门：“要关门了，明天再来吧！”而我总是期望再看一行字，才恋恋不舍地合上书。每次，我都被妈妈堵在家门口：“怎么天天回来这么晚，你还记得回来！”

是的，我差点回不去了，因为那里已经成了我又一个新家，在这个家里，我再也不会牵肠挂肚，只是很多时候又会回到老家那段肚子“叽里咕噜”唱山歌的时光！

山里娃，为书痴，为书狂！

书屋所感

◎河上镇祥和桥村村委　钱小刚

随着经济的发展，面朝黄土背朝天的日子已经离我们远去，一年之中已经难得下地几次。脱离了土地的束缚，工作之余，沏上一杯清茶静静地看上一会儿书，成为我最大的享受。

当年读书时，每天放学后，我总爱到租书的店里逗留上一段时间，待到天黑才匆匆地骑着自行车赶回家里。有限的零花钱也全都花在了租书上。也正因如此，那时没少受父亲的责骂与棍打。

工作之初，有了自己的工资，我就像一个淘宝者，每次上街总会去逛逛旧书摊，淘一些自己喜欢的书。每次淘到喜欢的书，回家之后第一件事便是关起房门，捧着书，静静地读着那些似乎带有音符的文字。情到深处，或扼腕长叹，或捶胸顿足，或仰天望月，或泪洒衣襟……与书中的主人公同悲同乐，痴迷到忘我境界。

再后来，工作繁忙压力大，加上结婚生子等一系列原因，能抽出时间来安安静静地看上几个小时的书也成了奢望。久而久之，购书、看书的热情也慢慢地冷却了，老房子书架上的藏书早已落满灰尘。

这几年，儿子已经长大成人，自己又临近不惑之年，工作变得越来越轻松，闲暇时间也就多了起来。我不喜欢在家看电视，不喜欢与人聚在一起打麻将或者打扑克，只喜欢晚饭之后，沿着村庄道路随心所欲地散散步，以此锻炼下身体。

平时极少光顾村老年活动室。去年一次散步时，从村民口中得知，上级部门、村企业和村财政合力为我们村的老年活动室配备了许多的新书，并在老年活动室里辟出两个房间，取名为“农家书屋”。

得此消息，我便绕道前往村老年活动室。进入农家书屋内，小说类、历史类、科技类、养殖类、商业管理类等图书分门别类地放在书架上，《杭州日报》《都市快报》《萧山日报》等报纸整整齐齐地挂在架子上，《家庭妙招》《婚姻与家庭》等家庭生活杂志，也是井井有条地摆放在杂志架上，还有专人负责整理与办理借阅手续。

图书分类如此精细，管理如此规范，小小的村农家书屋俨然成为了一个小型的图书馆。已经是傍晚6点，但是大家的阅读兴致却未见减少，还不时地进来几个外来务工者。他们拿一本小说，抽一份报纸，找一位置或原地站着便看了起来。

受他们感染，我也便去看看是否有自己喜欢的图书。小说书架上，一套金庸的《笑傲江湖》让我眼前一亮，看着熟悉的文字、熟悉的故事情节，思绪又回到了二十几年前。“飞雪连天射白鹿，笑书神侠倚碧鸳”，当年为购齐金庸的这十四套书，省吃俭用前后花了差不多两年的时间。购书在当时可不像现在这么方便，新华书店里很多书是买不到的。我还清楚地记得，《射雕英雄传》《鹿鼎记》《书剑恩仇录》都是托同事去上海出差的时候给我带回来的。

此后，我便隔三差五地去农家书屋看看图书、翻翻报纸。每次进去，那颇为安静的阅读氛围总会让我惊叹，谁说农村人不喜读书看报的?

有一次，跟邻桌一位年轻的外来务工人员聊起读书的事情，他感言道：“你们萧山就是好，村子里还有这么一个阅览室，能向我们开放。以前没书可看，在出租房内只能看看电视，或者去朋友家里打打麻将或者打打牌来消磨时光。在这里看书，远比打麻将之类的有意思多了。”听了他的这番感慨，我自己也不免感叹：想当年，辛辛苦苦才能买到一套书，现在政策真是好，在村子里就能免费看到这么多的好书，真得好好感谢政府！

“腹有诗书气自华”，农民所缺少的，仅仅是一个读书、自学的好习惯和一堆好书放在他们的面前。农家书屋的建立，恰好为他们提供了一个学习充电的地方，一个陶冶情操、修心养性的地方。

受书屋所感，我也将蒙尘已久的“老朋友”一一取出，闲暇之时，再次与这些“老朋友”亲密接触！

小小图书馆，浓浓乡里情

◎ 党湾镇团结村　鲁斌

“1979年，那是一个春天，有一位老人在中国的南海边画了一个圈……”转眼间30余年过去了，改革开放取得的成就举世瞩目。大国正在崛起，中国一步步走向富强，迎来中国历史上的空前盛世。

我的家乡萧山区党湾镇团结村地处“钱潮之都”东部，位于“建筑名镇”党湾镇西边，东靠梅林大道，西靠盛陵湾，红十五线穿越我村北面，交通便捷，区位优势十分明显。全村共有村民小组19个，农户686户，常住人口为2 308人，外来人口800余人。村内拥有一流的交通、通信、供水条件，为村民的生活提供了最大的方便。

近年来，我村在上级党政府的领导和关心下，各项经济指标大幅度提升，先后被区委、区政府授予区级文化村、区级信用村、区级文明村、区级卫生村等荣誉称号。全村在村三委的一致带领下，共同创造美好的新农村！

作为我们普通老百姓来说，要把这其中所有的新气象都一一列举出来怕是不可能了，有的只是发生在自己身上最实实在在的变化。对我来说最明显感受到的，是人们已经不再满足于物质上的温饱了，吃好穿好已不再是一家人的奋斗目标，人们更趋向于精神文化上的追求。我们的政府也更加注重老百姓的文化生活品质，你看就在我们身边，一个个村镇图书馆就如雨后春笋般地建立起来，这既丰富了老百姓的文化生活，同时又间接给老百姓搭建了一个可以相互增进感情的良好平台。

在团结村村委会的大楼里，就有一间温馨的图书馆。虽然规模不大，但走进图书馆，就有淡淡书香飘来，让人倍感舒心。每一本书都被整整齐齐地摆放在书架上，而且都是分门别类排放，历史的、小说的、诗歌的、科普的、时事政治的……不过对于老百姓来说，最受大家欢迎的还是科普类、新闻类的书籍。因为咱老百姓最关心的还是实实在在发生在我们身边、与我们密切相

关的事情。只要当天报纸上刊登了什么大事，无论是国内还是国外，都会在这里引起热议。比如最近韩国“岁月号”游轮的沉没事件，虽然不是发生在自己国家，但是大家也同样时时刻刻都在关注着，每天不仅会从报纸上了解有关的最新消息，还会把头天晚上在电视上看到的新闻与大家分享。当政府又出台新的对老百姓有利的政策时，这一天又会成为大家的喜庆日，纷纷表达对改革开放的感受和生逢盛世的喜悦。有人受到了什么委屈或者遇到了什么苦恼，也会到这里来找人倾诉；其他诸如健康或者孩子教育的问题，往往也会到这里来讨教。这种包罗万象的自发研讨会，成了这个图书馆里一道独特的风景线。

除了时事政治类报纸、杂志比较受人欢迎外，农业科普类的书籍也同样成为炙手可热的读物。比如像一些有关水稻种植技术的，如何更好地培育各类蔬菜的，养鱼养虾的。这些农业类的书籍，如果在一般的图书馆，我想肯定是少人问津的，可在咱这图书馆是相当地受欢迎。老百姓嘛，家家户户多多少少都有几亩地，种些蔬菜自己吃，或者种些其他农作物做点小生意。虽然有时候农作物会出现一些小毛病，可对于这些非常有经验的老师傅来说都早已找到解决的方法，而且大家都有自己的小秘诀。但是有时候不免也会碰到让他们头疼的问题，这时候，跑到图书馆来，翻翻这些农业读物，自己的老经验加上书籍上的科学知识，最后总能找到解决的办法。除了可以从书上找到解决方法外，大家也会互相讨论，把自己遇到的问题说给大家听听，老百姓都是朴实善良的，总有人能想办法解决，有一些小秘密、小诀窍，也绝对不会藏掖着，大大方方说出来与大家一起分享。

来这看书的还有一些上了年纪的老年人，生活中他们多多少少都会感到孤独和寂寞。在过去，有很多适合老年人聚会聊天和休闲娱乐的文化场所，比如茶馆、书场和民间剧场等。随着城市化进程的快速推进，这些供老年人消遣的场所已经难觅踪影了，新露脸的茶坊也好，咖啡馆也好，根本不是普通老人能够消费得起的，大多数老年人只能过着“早上听鸡叫，白天听鸟叫，晚上听狗叫”的枯燥生活。于是一些不喜欢打牌的，

又没有其他特别嗜好的老年人，就把图书馆作为他们的主要休闲阵地。一位老人说，他不抽烟不喝酒，唯一的嗜好就是看书读报，刚开始只是偶尔来来，后来觉得坐在这里舒畅，结交了许多谈得来的朋友，来的次数越来越多，现在几乎每天都来了。他坦诚地说，他害怕上大图书馆，那里气派威严，总觉得不是他这等人的去处，而在我们这个小小的图书馆中，气氛和谐活泼，没有拘束，大家自由自在的，还能感受到家一般的温暖。这样一个好去处，又怎能错过呢?

就是这样一间图书馆，没有庞大的规模，书的类别也不是非常齐全，但却给予了我们读书之外的快乐。它已然不再只是一间图书馆了，因为它被人们赋予了更高的精神寄托。在这里，陌生人变成熟人，熟人变成朋友，朋友变成亲人。小小图书馆，淡淡书清香，浓浓乡里情，这就是我们这间图书馆的精神所在。

我爱农家书屋

◎ 党湾镇幸福村　张丹

阳春三月，微风拂面，万物复苏，生机勃勃。墨香飘逸引领农村新风尚，书屋风采打造农村新生活。

在过去的很长一段时间里，图书馆、阅览室都只是城市或机关单位的设施，只是知识分子和莘莘学子徜徉的地方，而农民只能面朝黄土背朝天，终日与土地打交道。以前在学校时，我经常一有时间就往学校图书馆跑，那时起就特别羡慕图书管理员，可以天天和图书打交道。有谁会想到，如今农家书屋会建在贫瘠的农村，走进普通的农家，如此贴近亿万农民呢？当村里招图书管理员的时候我就毫不犹豫地报名了，我觉得当一个“护书使者”很有一番乐趣。今天的农民家门口就有了属于自己的图书室，农民也成了农家书屋的常客，成了令人羡慕的“文化人”！

农家书屋是一项为了保障农民群众基本文化权益，解决农民群众“买书难，借书难，看书难”问题的惠民工程。农家书屋进农村，为农民提供了良好的学习园地。以前想看本书，还得跑到区图书馆去，很不方便，现在每个村都有了农家书屋，看书学习的人多了，文化生活丰富了。大多数村民早上下地干活，中午和晚上来看书，从书屋建成到现在已经接待读者3 000多人次。我最大

的感觉就是村民“买书难，借书难，看书难”的问题得到了有效解决，而且还改变了大家的思想和生活观念。如今玩麻将、打扑克、喝酒打架的人少了，看书学习科技、交流沟通的人多了。就像大家说的那样，农家书屋真地成了村民的“文化粮仓”和致富“加油站”。

记得去年，我一连好几天都看到一个熟悉的身影出现在农家书屋的角落里，他是本村的一位村民。听说以前没办农家书屋时，他常常没事就去打牌，输掉钱不说，而且影响家庭和睦，夫妻间为了赌博这事都差点闹了离婚。农家书屋办起来后，他一有空就到书屋来，起先只是随便转转，后来他对关于农作物种植方面的书籍产生了浓厚的兴趣，开始研究如何把自家的菜园子好好搞起来。功夫不负有心人，他家的菜园子种出了新鲜又时令的蔬菜，很多人都争着买。因为种植蔬菜赚了钱，新房子造起来了，他也不再去赌博了，夫妻关系也缓和了。现在他逢人便说“是农家书屋给了我第二次生命，是它给我创造了财富，给了我现在的幸福生活”。他老婆也笑呵呵地说：现在书是他的老婆了！虽然听着有点“醋味”，但是心里肯定满是喜悦。

随着农家书屋由小间变成了大间，读者也是络绎不绝。农家书屋给村民带来的好处已经显而易见。许多村民从不愿看书、不喜欢看书转变为抽空看书、找书看。以前大家聚在一起的时间很少，尤其是不同年龄段的村民，现在有了农家书屋，不仅可以看书学知识，而且村民之间交流的机会多了，改善了村风民风。在我们村的农家书屋里，也经常看到孩子们的身影。一到放学时间，就可以到看到一群孩子高兴地来到书屋，品读属于他们的课外书，各种世界名著、童话故事、科普书籍等开阔了孩子们的视野，提高了他们的想象力和对世界的认知力。

“粗缯大布裹生涯，腹有诗书气自华。”邓小平同志曾指出：“不注意学习，忙于事务，思想就容易庸俗化。如果说要变质，那么思想的庸俗化就是一个危险的起点。”我相信在不久的将来，所有的村民都会爱上农家书屋，爱上看书，只要我们大家一起努力，我们农家书屋将会越办越好。

我爱农家书屋，希望更多的人像我一样爱上农家书屋，学到更多的宝贵知识，为祖国美好的未来献出自己的绵薄之力。

这个暑假不再孤独

◎ 进化镇第二小学　汤永海

丽丽坐在自家门槛上，手托着腮帮子，两眼愣愣地看着门口的石碾发呆。这个石碾在丽丽出生时就夯在那里，似乎从爷爷奶奶小时候开始就已经在了，他们似乎从来也没有想过要移动它一下。眼下，丽丽觉得自己就像那个石碾，出生在这里，也许永远都要生活在这里。

哎！丽丽深深叹了口气，连旁边的大黄狗都被吓了一跳，警觉地站起来，瞪着眼睛直勾勾看着丽丽。

“去！”丽丽大喝一声，大黄狗识相地呜咽一声，转身离去。留下丽丽独自在门槛上发呆。

放暑假了，村里的小伙伴早早被各自父母接去打工的城市团聚。丽丽的父母远在青岛，坐火车都要一天一夜呢。丽丽也想去，给爸爸妈妈打电话。可他们却无奈地告诉丽丽，他们租住的地方实在太小，根本没地方安排她，只能忍痛安慰丽丽：等明年他们租个大一点的地方，一定把她接去团聚，还会带她去栈桥、八大关、崂山等景点玩。但今年丽丽只好留在家里，继续和爷爷奶奶做伴。

电话那头，隐隐听到妈妈的抽泣声，丽丽知道，妈妈也想她。妈妈后来又来电话，让丽丽在家安心学习，做好功课，将来到青岛这样的大城市去读大学。她说，前几天路过青岛大学校门口，真好啊，要是你将来能到那里上学，该多幸福啊！妈妈说这话的时候，语气里充满了期盼，眼神里充满了憧憬，虽然丽丽看不到，但她能听出来。

丽丽在心里暗暗下了决心，一定要努力，要让在外劳累的爸爸妈妈有信心。村里的晓秋姐就是这样一个榜样。她的父母也常年在外打工，她和奶奶相

依生活，凭自己的努力考上了省城的一个大学，现在都快毕业工作了，只有在暑假的时候才回来。丽丽每次遇到她，都能从她那里得到许多的鼓励。

对呀！找晓秋姐借她以前的书，趁着暑假先看看。想到这里，丽丽觉得一下轻松了许多，连眼前的石碾被阳光照着，也像打了一层金色的蜡，竟然有些好看了。

推开晓秋姐家的门，丽丽惊呆了：整间屋子都是书——柜子上排的，桌子上堆的，连凳子上都散着一些，还挤满了像她一样放假的中小学生。

"晓秋姐，你们家变成新华书店啦？"

"丽丽！"晓秋姐惊喜地走过来，用手指在嘴上一竖，示意她声音轻一点，然后拉着她在角落里坐下来。

"这里怎么样？"晓秋姐问。

"太棒了，这下可不怕暑假没事干了。"丽丽激动地说，随后又不解地问："你哪来这么多钱开图书馆呀？"

不花一分钱！晓秋姐自豪地说。

"啊，哪有这么好的事？"

"这叫农家书屋，是政府为满足农村的文化需求而设立的，只要有合适的场地，通过村委会向上申请就可以了。你看，我在大学里知道了这个消息，想着要是我们村也有这么个农家书屋就好了，省得像你这样的学生想学习没地方找学习资料，还有些人没地方去就到处闲逛惹麻烦。以后你就天天来看书借书好了。"

"那太好了！"丽丽高兴地要跳起来大声欢呼了，要知道去一趟县城的新华书店可是要花一整天时间的。上次好不容易去了一趟，可看上的资料却太贵了，只得空手而回。

"不过我可是有条件的。"晓秋姐又卖了一个关子。

"晓秋姐你快说，什么条件，只要能天天在你这里看书，我什么条件都依你。"

"条件就是——你要和我一起管理好这个农家书屋。"

"这是个幸福的条件，求之不得的条件。我愿意，我愿意，我愿意。"

从那天开始，丽丽成了一条幸福的书虫，整天都流连在书本的世界，遨游在知识的海洋。她觉得自己一下子找到了生活的目标，连妈妈所在的那个城市，也似乎变得越来越近，妈妈所说的那个大学，也似乎变得越来越清晰。

这个暑假，爸爸妈妈依然没有回来，丽丽依然和爷爷奶奶一起住在村子里。但是，她再也不会坐在门口发呆，再也不会觉得孤独，因为农家书屋就是她的小伙伴，就是她的精神家园。

邂逅，心中嫣然的“她”——农家书屋

◎ 党湾镇新前村　鲍丽琴

相遇

冬日的早晨，温暖的阳光透过玻璃窗，折射后的余温仍然浓厚，或许是命中注定，与“她”的相遇就在这暖融融的纯白之季。

这是一个周六的早晨，冬日的阳光格外珍惜，久违的融融温暖滋润心头，万物享受着阳光的博爱恩赐，一切是那么的自然。暖阳高悬，碧空晴朗，心境随着阳光开阔起来，舒展着心情，自然和谐。冬日暖阳，温柔的关怀，冰冷也变得热乎起来，犹如清风的爽快，整个人也变得充实，或是精神起来。

宁静的冬日，踏着带有香味的泥土漫步，和着夹杂乡音的鸟鸣低吟，路过一方鱼塘，经过一孔石桥，驻足一洼秧苗，兀自沉浸在安静祥和的乡村世界里。突地，一个神秘的美丽身影映入眼帘，恰有“千呼万唤始出来，犹抱琵琶半遮面”的风韵，好奇驱使，带着忐忑的心情，慢慢靠近。“她”——“农家书屋”四个字像鲤鱼般蹦入我的心中，激起了层层涟漪。本以为农家书屋必是图书陈旧、灰土厚积、无人问津的蓬荜之所，但是看到一间间宽敞明亮的阅览室、一张张整齐有序的书桌、一摞摞门类齐全的藏书、一个个专心致志的农民读者时，心中顿觉欢欣和感动。感动的是政府对农村文明的重视与支持，欢欣的是农民百姓对知识孜孜以求的精神。至此，我和“她”的相遇竟是如此让人怦然心动。

相识

如今，每天与“她”的邂逅成了我生命中不可或缺的一种精神给养，每当我走进“她”的天堂，世界便在这一瞬间失去色彩，便在这一秒钟淹没音符。当年华撒

落了一地的花瓣，唯有“她”，跨越了时间与空间的距离，飞过了现实与梦想的差距，没有了国界，没有了季节。“她”，让梦想插上了羽翼！

春的篇章

“碧玉妆成一树高，万条垂下绿丝绦。不知细叶谁裁出，二月春风似剪刀。”

时光老人踏着残雪，把书信交给东风，让东风传递给萌芽的种子，种子们收到书信，天地间立时充满了生气。给草木的书信，是用绿墨写成，于是小草绿满莽原，树叶绿满枝头；给百花的书信是用彩墨写成，于是花儿开了，五彩缤纷。燕子收到书信，忙着寻找往日旧巢；布谷鸟收到书信，到处劝人布谷；冰雪收到书信，知道它们的季节已过，就悄悄地走了。

读“她”，在绚烂的春天，没有人会否认春天的温暖和浪漫。读“她”，就像读一个五彩的春天。“迟日江山丽，春风花草香”，当百花齐艳、百鸟争春，在“她”的怀抱里，我寻找甜美的神秘。当一本秦文君的《男生贾里》握在手里，我想没有人会拒绝它的甜蜜，没有跌宕起伏的情节，没有波澜壮阔的人生，但它却让你情不自禁地和书中的人物一起笑，一起哭，一起走过甜蜜的青春年华。

“她”就像一个温暖的春天，温暖照亮我的心窝。又如那恋人般温柔的抚摸，让我沉浸在“她”的柔情之中。“她”带来那让人迷恋的气息，让人不可自拔地想要靠近“她”。“她”，永远给我带来希望与期盼！

夏的篇章

“毕竟西湖六月中，风光不与四时同。接天莲叶无穷碧，映日荷花别样红。”

第一缕南风拂过大地，带来了时光老人的第二封信，那书信一律是青绿色封套，深沉而庄重。百花得信，摇摇手纷纷告别枝头；竹木藤草读罢，转眼变得成熟。信儿落入水中，水蓝了；信儿飘到天上，天蓝了。一个青蓝蓝的夏季，便在时光老人的书信催促下恋恋不舍地离开了春天的怀抱。云朵收到的书信最多，它想把洁白的脸庞变蓝，却总是变成乌黑，它收到一封信就变一次，变不出蓝色就哭一次，整个夏天，人们都不断地碰到云朵的泪滴。

读“她”，在热情的夏天，没有人会否认夏天的火热和激情。读“她”，就像读一个激情的夏天。“小荷才露尖尖角，早有蜻蜓立上头”，原来，夏天也可以有这样的景致。当一本郭敬明的《1995至2005夏至未至》握在手上，没

有人会拒绝它的热量，手心有了温度，眼神有了潮湿，浮草开出了伶仃的花，寂寞推开了沉重的门，和主人公一起走过十里花海，然后就是一望无际的沙漠，灼热的泪无声地划过脸庞。

“她”就像一个热情的夏天，让热情燃烧我的心窝。“她”用“她”独有的力量，带给了我热血的青春和一段磨砺的时光，让我有了敢打敢拼的精神！让我度过了人生当中一段难以忘怀的时光。

秋的篇章

“远上寒山石径斜，白云深处有人家，停车坐爱枫林晚。霜叶红于二月花。”

时光老人的第三封书信改用金黄的封套，是托西风捎来的。信中告知寒冬即将来临的消息。收到书信后，大大小小的植物赶忙贮藏种子，动物们忙着准备越冬的巢穴和食粮。而所有候鸟收到信后，都随大雁去了南方。树木由于身材高大，无处躲避寒冬，梧桐急得脸色蜡黄，枫树急得脸色通红，而耐霜的菊花收到信后，笑容便在脸上一瓣一瓣地绽开。

读“她”，在悲凉的秋天，没有人会否认秋天的苍凉与希冀。读“她”，就像读一个希冀的秋天。“空山新雨后，天气晚来秋。明月松间照，清泉石上流。”读《钢铁是怎样炼成的》，看着保尔悲惨的遭遇，认为一切都有了尽头，而“她”却告诉我有一种力量叫坚强，它能让一切腐朽变为神奇，让人即使在悲凉的秋天也能看到生命的活力。

“她”就像一个希望的秋天，让希望填满我的心窝，带给了我成熟和稳定，不再像春般青涩与夏般鲁莽；带给了我更加理智看待问题的心，让我不再幼稚，不再莽撞，更理性地看待事情的本质和人与人之间的关系！“她”带来的成熟，让我对现实理解得更加透彻，让我不再盲目没有方向，“她”是在我迷路时，给我指引前进方向的明灯！

冬的篇章

“日落苍山远，天寒白屋贫。柴门闻犬吠，风雪夜归人。”

时光老人的第四封信是纯净的白色封套，随着霜花飘落，带来几许美丽凄清。信到处百兽潜踪、池湖凝波，躁动的世界变得宁静，仿佛听到寒号鸟的悲鸣，把那个古老而冷艳的故事传播到冰雪深处，于是有动人的诗句在梅瓣上绽

放，逗引得春天在飘雪的天际徘徊，想要布置另一番花雨缤纷。

读“她”，在寒冷的冬天，没有人会否认冬天的寒冷与肃穆，读“她”，就像读一个肃穆的冬天。“忽如一夜春风来，千树万树梨花开”，然而“她”却告诉我，冬天到了，春天还会远吗？“她”告诉我，有一种力量叫坚持，所以寂寞的山谷里，野百合也有春天。读《轮椅上的梦》，“她”教会我，即使身处严寒，只要永不言弃，我也能活出真精彩。

“她”就像一个坚持的冬天，让坚持捧暖我的心窝。和“她”独处，简单的情调，享受着冬天的阳光，温暖、滋润。让自己暂时远离尘世的喧嚣烦躁，暂时得到片刻的宁静，尽情享受冬日的暖阳，思绪变得清澈明净，伏案写诗，给自己一片素雅、温馨。

四季的篇章

读“她”，在四季；四季，在读“她”。她是那蜿蜒曼妙的古爵城堡，埋藏着这世上最闪亮的星星，是我心中最深邃的美丽，让我的人生之路不再迷茫！

相知

“她”是那一片薇姿的牡丹高贵而忧郁；
“她”是那一洼朱红的芍药热烈而优雅；
“她”是那一片鹅黄的玫瑰娇弱而明艳；
“她”是那一抹洁白的百合纯净而飘逸；
“她”是那一树粉艳的樱花烂漫而凄丽。

墨舞飘香新农村，书屋添彩农家院！“她”仿佛是播撒在农家人心田上的种子，若干年后，一旦种子发芽，开花结果，则定会发生质的飞跃！

送　　粮

◎ 南空某高炮旅　周伟健

读书，以前总觉得是件很容易的事，学校总有读不完的课本，不想看的话，家里也有厚厚的名著，从小学读到高中，也不过读了二三十本。上了大学书便更多了，一进图书馆，各式各样的书琳琅满目，那时候却不爱读书，只想着有时间回宿舍打游戏，当时觉得没什么，可自从入伍以来，便渐渐生出了悔意。

当兵之后，与书便渐行渐远，来的时候还带了两本专业方面的书，心里盘算得挺好，有空的时候读一读，两年下来，怎么着两本书也能读完，不至于把学业落下。新兵连的时候自然没时间，到老连队后，空闲倒是有了，可训练完了本来就已疲倦不堪，再拿起枯燥的理论书，看不到十分钟就呵欠连天，眼皮都抬不起来了。

觉得有些无奈，连队虽然每个月订些杂志，但自己感兴趣的几本两三天也就读完了，之后便又没了书看，真是件烦心的事，不过幸好，萧山图书馆考虑到我们的情况，在我们连队建立了图书分馆。

这当真算是件好的举措，在我们这些基层战士们看来，甚至要比一些上级的政策带来的好处更明显。毕竟，政策下来了要逐级落实，想切实感受到好处怎么也得一年半载，可几百本图书一运到连队，就仿佛一片贫瘠的土地上流过了一条河，

一条黑暗的航路上竖起了一座灯塔，一夜烦躁的睡眠里燃起了一枕甜馨的梦，饱满了我们的精神，为我们指引方向，让我们有所寄托。这是毫不夸张的，我们长期生活在连队之中，对于外界，对于这个社会的感知也就只能通过看看新闻、读读报纸这样的方式，所以我们几乎可以说是只生活在连队这么大的世界当中，而且连队的生活比较单调，每天一睁开眼睛就知道接下来的一天会发生什么，没有新事物的刺激，没有什么需要去思考，身体上的锻炼与精神上的空乏形成了很强的对比，这样的冲击使得我们的精神变得越来越脆弱，这无疑也对连队的正常工作造成了影响。怎么去解决？这批图书给了一个很好的答案，也帮助连队消除了许多隐患。

都说书是精神食粮，以前不觉得，可经过当兵后很长时间的切身体会，却已经感触颇深了。萧山图书馆给我们送来了这些“食粮”，也确实让大家找到了精神上的寄托与支撑，免得战士们在精神上忍饥挨饿。

图书馆在连队建立分馆，充分地考虑到了我们很少有机会外出的现实情况，而且就算出去，图书馆又比较远，总共几个小时的假，谁也不愿意把大半的时间花在路上。现在好了，想要看书，直接去连队图书室，几百本书分门别类地摆放着，训练了一天，看看轻松一些的短文，顿时就放松了下来。喜欢文学的同志则可以找一些名家的著作好好欣赏，对历史感兴趣的可以看遍古今，猎奇心强的坐在书桌前就能够到全世界去冒险……同志们的精神面貌也渐渐地比从前更加饱满，连队的氛围也愈发欢快，愈发地朝气蓬勃。我想，这一切都与这些书是密切相关的。

现在，我深切地感受到了书的力量，我为能有这样的良师益友的陪伴而庆幸与感激。同时，也很感激萧山图书馆这样为我们这些普通战士着想，更希望这样的举措可以给更多有需要的人们带来实实在在的好处。

让孩子们畅游儿童书屋

◎ 进化镇第二小学　祝柏尧

暑期即将来临，令小山村人忧愁的事又上心头。山村有着大大小小的山塘十多个。去年盛夏有几个外来务工人员的男伢儿在午后偷偷下水游玩，不慎落水。幸好有路人经过，救援及时，这几个男伢儿也只是呛了几口水，没有酿成溺水事故，真是不幸中的万幸。最近，大大小小的会议反反复复强调儿童溺水问题，必须引起我们关注。经排查，村里白天没有大人监管的孩童有二十多人，怎么办呢?

看着对面“农家书屋”的牌子，村书记计上心来，说：“我们可否利用农家书屋这一阵地，把这些孩子组织起来，在这里看看书，做作业。”

“咱们这里的书籍都是成人读物，孩子们怎么能喜欢呢？”

“这样行吗？先让孩子们自己带几本来互相交换着看；我们村委出面向图书馆借一些，然后再从咱们有限的经费中挤出一部分购置一些儿童读物，组建我们的儿童书屋吧。”

“那人员咋解决？”

“可以发动发动村里的大学生来做志愿者嘛。”

经过几天的努力，总算把这事给敲定了，书记长长地舒了口气。

果不其然，一放暑假，孩子们纷纷往村委大院赶。一个个认真地做作业，聚精会神地看书。同时在大学生志愿者的帮助下，进行着各种各样的活动，一个个玩得不亦乐乎。

自从村里有了书屋，书屋的灯光便点亮了小山村的夜，孩子们的欢笑声自此打破了村委大院的静谧，山村的夜不再孤寂。“生活里没有书籍，就好像没有阳光；智慧里没有书籍，就好像鸟儿没有翅膀。”

“书中自有黄金屋，书中自有颜如玉，书中自有千钟粟。”畅游书屋，与书为伴，其乐融融，乐在尽情翻阅，便可修养身心。诗歌的潇洒精悍，散文的飘

逸韵味，小说的严谨朴实，漫画的奇特诙谐，神话的浪漫唯美，童话的纯真善良，歌词的美妙温馨，无不让我们的心灵受到深深的熏陶，受到切切的震撼。看着孩子们畅游书屋，与书为伴，陶醉其中，忘却人生的烦恼。开心时，读书让孩子们的胸怀更加宽广，眼界更加开阔，朝着自己希冀的方向勇敢飞翔；失落时，读书让他们彷徨的心不再迷茫，畏惧的心变得坚强，露出微笑继续追逐自己远大的梦想；烦恼时，读书让他们纠结的情绪不再缠绕，平静他们的内心，坚定他们的信念，塑造出乐观向上的心态，努力为这个世界传播好消息，传递正能量。

读书，如春风拂面，吹去孩子们心灵的尘埃，吹散世间的烦恼忧愁；读书，似一场久旱后的绵绵细雨，滋润他们干涸的灵魂，浇灌渴望知识的心灵；读书，像闪耀的灯塔，照亮他们前进的道路，指引他们大胆追逐梦想；读书，让天真无邪的孩子学会分清美丑善恶，明辨是非，不断长大，学会如何传递正能量；读书，让他们从无数仁人志士的思想中读出人生的真谛，让他们从英雄模范的感人故事中重温人性的至善至美，让他们从众多艰辛人生的历程中体味到勇于与命运搏击的力量和意志。农家书屋更让孩子们深深地爱上图书，钟情于读书，进而享受到了人世间最大的快乐，在快乐中享受人生。

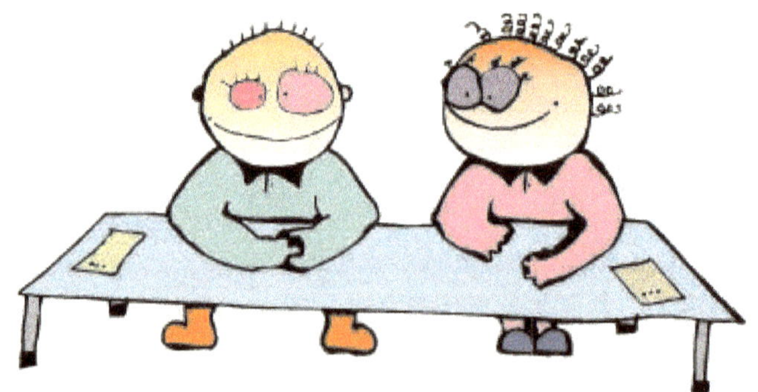

看着孩子们在书中畅游，不停地汲取知识营养，村里群众竖起了大拇指：“这件事办得好，农家书屋解决了我们的后顾之忧。孩子们不像过去那样在烈日下东奔西跑，不再迷恋于电子游戏。我们也不用担心孩子发生意外，可以安心工作了。”

农家院里种出了科技葡萄

◎ 进化镇 谭義

这几年，进化镇岳联村的傅田兴的葡萄种得有声有色，“田欣葡萄”更是让很多人慕名而来。是什么机缘让他种起了葡萄？在这条创业的道路上，他又是如何探索、努力的呢？在葡萄架下，他和我们拉起了家常。

傅田兴骨子里有股倔强的劲儿，凡事肯钻研爱摸索，村里的农家书屋是他最爱光顾的地方，最爱看的就是科技类的书籍。以前没有书屋的时候，他三天两头往诸暨、萧山的书店跑。他一直坚持着每天看两三个小时书的习惯。他的爱好也深深影响着他的儿子，父子俩还爱一起搞点小发明小创造，改变自己的生活。

除了书籍之外，他还常常关注中央电视台七套的农村频道，了解天文、地理等各方面的知识。一次介绍葡萄种植的节目，让傅田兴萌发了尝试种植葡萄的想法。因为家境原因，傅田兴只有初中文化程度，但多年在外打拼的经历给了他丰富的人生阅历，而他大学毕业的妻子则成了他创业路上最好的帮手。白手起家的他们，开始了葡萄种植的创业之路。

虽然对葡萄种植完全外行，但傅田兴那股不服输的劲又来了，创业初期，他在村里的农家书屋一待就是一天，不仅翻遍了村里所有关于瓜果种植的书，还要求管理员为他借其他的。有了丰富的知识储备以后，他开始东奔西走

学习经验，特地到诸暨、金华的葡萄研究所参观学习，了解最新的葡萄栽培技术、新品种、新设施等。经过多番学习、论证，傅田兴终于把第一批葡萄种下了。老傅没有停下来，邀请专家来自家地里指导，又开始尝试嫁接新品种、施有机肥等方法来提升自己的葡萄品质。特别是在葡萄防虫的探索上，老傅借鉴了种植梨、桃子等水果的经验，在幼果时就给葡萄套上棉纸袋，有效起到了防菌、防虫、抗腐的作用。

辛苦的付出终于换来了回报，在8个月时间里，傅田兴就种出了“夏黑”品种

葡萄200多吨，这种葡萄味道甜、口感好，最为重要的是完全无公害。这个品种葡萄的丰收也给老傅带来了信心，他和妻子商量后，引进了韩国的一个全新葡萄品种“桃太郎”，继续他们用科技种葡萄之路。

我想在图书馆里遇见人生更多重要的人

◎ 靖江初中　高利娜

高尔基曾经说过：“书籍是青年人不可分离的生命伴侣和导师。”对于我们教师来说，总有学不完的知识，需要我们借助书本的力量，去充实自己的知识储备。一个好的图书馆，对于我们来说，是莫大的帮助。

曾经走进过大大小小的图书馆，每次只是驻留片刻。大学的时光，让我对图书馆有了新的认识，感觉我的大学都是在图书馆度过的。我特别钟情于人物这一类书，闲暇之余看看世界名人的故事，一看就是一下午。我很庆幸自己的青春能够在图书馆逝去。毕业以后，我常常会想，也许不会再有那么一个地方，可以尽情浏览。刚到靖江初中之时，一切都好陌生，有时会有点害怕，有时会想退缩，感觉心里好像少了点什么。开学的某一天，总务处给了我一张借书卡，原来我们学校有图书馆，下午我便想去图书馆逛逛。

走进靖中图书馆，一排排的书架映入眼帘。说句实话，一开始我总觉得初中会没有图书馆，或者说即使有，也是少得可怜的几本教科书，没有想到我们学校的图书馆书还很多，而且分类都很清楚。我还是老样子，迫不及待找到“世界名人”这一栏，找寻自己想要的书。

其实，作为经济类出身的教师，可能现在的岗位与我不相适应，但我还是会想要去了解有关经济名人的创业史。其中有一本《李嘉诚经商自白书》，深深吸引了我。李嘉诚，家喻户晓的华人首富，不仅创造了大量的金钱和财富，更重要的是，身体力行地创立了一套具有丰富内涵的人生韬略和经商哲学。该书是对李嘉诚在众多场合发表的关于经商做人的言论的辑录、阐释和解析。“只有自己才能拯救自己”“习惯镇定”“不要太在乎别人的眼光”……这一个个标题不仅对人们追求事业，也对人们一生的方方面面都有深刻的启迪。其实，从商跟从教很

多是相通的。看了李嘉诚的自白，我忽然想到了：我的学生就是我的客户，我需要了解他们的需求，只要老师真诚，学生也觉得受到了尊重，自然会有收益。当然，李嘉诚的发家史，对我启发更大的就是无论做什么事都需要努力，需要比别人付出更多的精力。所以，在从教过程中，我一直坚持提早到学校，跟学生一起参加早读等。一本好的书，确实可以影响你的一生。

从大学开始到现在，很多事情已经物是人非，唯一不变的还是对图书馆的向往。没有刻意地去习惯，也没有刻意地去遗忘，只是喜欢在比自己要高许多的书架面前，找寻自己喜欢的书。

当出现一本书吸引着你的时候，你就会想要更多。以后只要有时间，我就会往我们学校的图书馆跑，我会从最上层开始找，有时实在够不着，就会搬一条小凳子，从上到下一一寻找一直到需要弯腰的最下层，听到指尖滑动的声音，竟也有一种欢愉的感觉，直到现在，仍记忆犹新……像是小时候爸爸妈妈给了零花钱的那种喜悦，像是得到老师表扬的那种自豪，像是看着自己的学生比自己更加优秀的快乐。

我还喜欢书的味道，游走在书架与书架之间，散发出来的淡淡书香味，感觉是在不断地“勾引”着我，让我尽情把它们释放出来。新书里面有浓重的书香味，而年代久远的书中往往会散发出别人留下的味道。其实，有时候我们不是在读书，而是在欣赏，我总觉得我们的图书馆更像是休憩的好地方，每当鸟语花香之时，读起书来就更加有劲。

除此之外，图书馆之所以吸引我的原因是可以找到知己：我的人生伴侣是在图书馆遇见的，我与在学校认识的志同道合的朋友的友情也是在图书馆发展起来的。所以，我对图书馆有一种特殊的情结，我想在图书馆里遇见人生更多重要的人。

图书馆，这个陪我走过空余时光的朋友，让我知晓了人文地理，让我了解了做班主任的必备知识，领略了文字的魅力。畅游在知识的海洋里，我们的生活不再是庸庸碌碌，我们的人生不再迷茫和困惑。置身于这片乐土中，我们尽情地挥洒，不让青春无悔，更不让人生遗憾。图书馆像一位博爱仁慈的母亲，它无私奉献大爱的精神，给予我更多、更好的人文精神教育。这么好的一个地方，是我一生永远快乐的天堂。

有时候常常在想，我们靖江初中，只是一个平凡的农村学校，却能创造比城区学校更加优异的中考奇迹，这是为什么？渐渐地我发现了靖江初中的特别

之处。学校给我们老师和学生提供了一个很好的人文环境，即使教学条件比较简陋，但我们的图书馆却不输给别的学校，里面既有学校自己的书，也有萧山图书馆提供给学校的书。形形色色的书为我们教师提供了一个休养生息的地方，也提供了一个不断提升自己的机会。教师和学生在这种氛围之中，成绩自然而然也就上去了。

有时候，不要太在意硬件，软件齐全更重要。我很庆幸自己的选择是正确的，这里有和谐的工作氛围，老师之间相互帮助和切磋，更重要的是，学校的图书馆让我找到了自己需要的东西，可以不断充实自己的知识库。我想一直在靖中这片大地上生根发芽，创造出属于自己的一片天。尽管前面还有很长的路要走，相信我可以在这条路上走得越来越顺畅！

点亮农家书屋

——瓜沥镇渭水桥村图书分馆工作小记

◎ 瓜沥镇渭水桥村图书分馆　施国萍

2008年10月7日，随着我村村级文化中心的落成，渭水桥村村级图书馆也正式对村民开放，成为了萧山区首家按支馆标准建设分馆的村级图书馆。2009年11月，在馆内又设立了农家书屋，成为了我村村民学习先进农业技术的新乐园。

2010年10月25日，副省长郑继伟来萧山区调研农村图书小连锁工作，视察了我们渭水桥村农家书屋。在萧山区委常委、宣传部长裘超，瓜沥镇党委书记金焕国，镇长黄国均的陪同下，副省长一行来到书屋。在与管理员亲切交谈后，副省长询问了书屋建设与运行情况，查看了图书借阅及数字农家书屋浏览使用情况，并亲自坐到电脑前操作使用了数字农家书屋。在肯定我们村级图书馆环境的同时，也提出了以下要求：一是乡镇、村一级要加强对书屋的管理，想方设法引导农民到书屋借书、看书、浏览，使用数字农家书屋，真正用好书屋和发挥书屋效用；二是区一级要加强对书屋的长效投入，切实解决书屋长效管理和运行经费问题。

省领导的肯定为我们农家书屋建设送来了春风，让我们增强了工作信心。分馆成立以来，在区文广新局和萧山图书馆的大力支持和帮助下，我们通过整合资源、加大投入、典型引路、科学管理，使分馆建设及农家书屋呈现蓬勃生机。

设施先进，设备齐全。渭水桥图书分馆共240余平方米，一楼设立了“共享工程”基层党员村民电教室，配备电脑42台，供本村村民免费使用并对其进行技术培训，同时接纳本村外来务工人员上网学习，设专人指导村民正确进行电子阅读。二楼设图书借阅室，设阅览桌10张、座位50余个，备有图书3 000余册、报刊30余种及音像资料20余件，采用借阅一体化，并与萧山图书馆、杭州地区公共馆联网互通，实现此借彼还的联通式服务，多种渠道提高图书利用率，共享资源。

服务到位，管理专业。安排专业人员进行管理，定期组织图书管理员接受萧

山图书馆的专业培训，以适应目前自动化、网络化、信息化的图书管理要求；同时，借鉴萧山图书馆的管理方式，规范管理制度，保证了村级图书馆工作的顺利开展。

分馆开办两年来，共办理借书证1 000余张，月平均读者流量900余人，年图书流量6 500余册。每三个月与萧山图书馆更新书籍。

形式多样，活动丰富。利用村级图书馆的资源优势，结合“春泥计划”“假日学校”“文化村”建设等主题活动，开展了不少读书活动。如2009年下半年举办的小学生朗诵比赛、读书月活动等。以开展这些活动为契机，积极为我村未成年人营造良好的读书氛围，培养他们爱读书、好读书、勤读书的良好习惯。同时，加强与萧山图书馆的联系，丰富图书资源和种类，引进思想性、知识性、趣味性较强的书籍，从而提升村民的思想素养和文化素质。联合大园中心小学，开展形式多样的读书月、读书周等活动，以征文、朗诵、演讲比赛等形式，更好地为我村未成年人创造一个良好的阅读环境。

农家书屋是一项惠民、爱民的阳光工程，能否有久远的生命力，取决于如何拓展思路，放大延伸农家书屋的服务功能和社会意义。我们只有切实履行好应尽职责，长效惠农，才能不辱这份使命。

农家书屋，让美丽更永远

◎ 河上镇紫东村 詹香美

读书对我而言，是一件较为遥远的事。读书人就是文化人，就是素质的象征啊！我曾经非常渴望读书，为得不到一本好书而夜不能寐。而如今，一走出家门就有了属于自己的书屋，就能随时拥有一本自己喜爱的书，多好啊！

读书，学做文化人，不再是奢望，不再是时尚，而是一种追求，是一种生活。每次走进宽敞明亮的农家书屋，就能看到忙碌着的身影：大叔大婶们在翻阅养生或种植、养殖等实用技术书；傍晚时分，孩子们匆匆来到书屋，专心阅读各种课外读物；少妇们翻阅着育儿知识、餐桌美味、服饰装扮等生活类书籍。

农家书屋让我们的口袋满了，脑袋充实了。它像一艘智慧之船，载着我们驶向无限广阔的生活海洋。从我们农家书屋创建起，总有一个身影出现在那里，他是我们河上人民的骄傲，也是我们萧山人民的骄傲，他就是萧山区残疾人自强模范俞瑞忠。俞瑞忠是位肢体残疾人，他身残志坚，一口气承包了180亩地，并用一年多的时间开垦荒地，在2005年建起了他的生猪养殖基地。这些年该基地养殖的规模不断扩大，养殖量从当年的200多头猪，发展到如今的6 000多头，成为河上最大的生猪养殖基地。每次去农家书屋，他总是拿几本关于养殖的书看。很多人都说："老俞，纸上的经验哪比得上您的实践呢？那些写书的专家都要请教您呢！"老俞憨憨地一笑说："我的那些技术落后啦，看这些养殖专业的书籍，结合我的经验，能够帮助我赚到更多的钱啊！"

在农家书屋，老俞和村民们不仅学习交流各种技术，还不断地学习国家法律、法规、时事政策。当他在农家书屋学习了《浙江省美丽乡村建设行动计划》以及"五水共治"等宣传资料后，知道猪场的污染太厉害。为了让家乡的天更蓝，水更清，空气更清新，他忍痛割爱，主动给自己的养猪事业画上了句号，准备投资观光农业。

在农家书屋里，我和孩子们一起阅读课外书籍，一起分享读书心得。当我了解

了“三改一拆”“五水共治”等工作后，知道了这些对于推进我区生态文明，优化人居环境，改善城乡面貌，促进民生经济，提升城市品质，建设美丽新萧山具有的重要意义；当我读了《绿色生活：21世纪新时尚》这本书后，我和家人一起倡导绿色生活方式，一起践行环保。

农家书屋已成为我们村一道靓丽的文化风景线。在书屋里，我们吸取知识的力量；在书屋里，我们抚慰沧桑的心灵；在书屋里，我们收获精神的食粮。

“好雨知时节，当春乃发生。随风潜入夜，润物细无声。”农家书屋犹如黑夜里的一盏明灯，照亮了乡村致富发展的投资方向，铺就了美丽乡村建设的康庄大道。农家书屋让我们的家园更美丽，让我们的人生更美好！

我为农家书屋建设出份力

◎ 萧山日报社　胡吉楠

2014年7月，我们把“书香换花香”活动中收到的870本图书送到了临浦大庄村与新联村的农家书屋。

暑假开始时，萧山日报社举办了“书香换花香”活动，送出去大约2 000盆绿植，换回了9筐图书约1 070册。书的类型真不少，漫画、小说、童话……

在萧山的每个村庄，几乎都设有农家书屋。一个屋子里，摆一张桌子，放上几个书架，书架上搁上书，书屋不大但布置得挺温馨。这便是我们常见的农家书屋了。农家书屋很受欢迎，尤其是在暑假里。“几乎每天晚上都有小孩来看书。”大庄村农家书屋管理员蒋玉花告诉我们，“但农家书屋总比不上图书馆，书的数量比较有限”。

图书数量有限，这是农家书屋的现状，也是我们打算送书的原因。这回我们决定把870本图书送到两个位于临浦的村庄——大庄村和新联村。“都是二手书，但有些还比较新。”送书当日，大庄村的高书记和图书管理员蒋老师都来帮忙，我担心我们送的书不够新，略带歉意地向他们解释。“挺好挺好，谢谢。”高书记和蒋老师上前帮我们搬书，还连声表示感谢。把书都搬到图书室后，蒋老师一本一本整理，把书放到书架上。

离开大庄村，我们往新联村方向走。新联村的农家书屋与老年活动室紧挨，平日里书屋的人气也挺旺。“以往村民们想借书看书，跑趟城区来回就要一个多小时。”新联村农家书屋管理员顾大姐已在书屋门口等我们，“你们的书来得真及时，今天老年活动室的几个大伯还在问我要历史类的书看呢。”

新联村的农家书屋里添了新书，最高兴的可能就是常来老年活动室的几位大伯了。“空闲时间喜欢看看报纸、看看书，去年农家书屋弄好，我常来这里借书看书。”正在看报的许大伯对我说。

400多本图书的到来，为这个村级图书馆注入了新鲜血液。我们能为这个小小书屋尽点力也蛮开心的。